O outro
1

Enzo Traverso
Gaza diante
da história

Tradução de Pedro Fonseca
Editora Âyiné

Enzo Traverso
Gaza diante da história
Título original
Gaza devant l'histoire
Tradução
Pedro Fonseca
Preparação
Mônica Kalil
Revisão
Andrea Stahel
Joelma Santos
Projeto gráfico
CCRZ

Direção editorial
Pedro Fonseca
Coordenação editorial
Sofia Mariutti
Coordenação
de comunicação
Amabile Barel
Direção de arte
Daniella Domingues
Designer assistente
Gabriela Forjaz
Conselho editorial
Simone Cristoforetti
Zuane Fabbris
Lucas Mendes

© 2024, Enzo Traverso

© 2024, Editora Âyiné
Praça Carlos Chagas
Belo Horizonte
30170-140
ayine.com.br
info@ayine.com.br

Isbn 978-65-5998-164-9

Sumário

9   Prefácio
13 I Executores e vítimas
25 II Orientalismo
41 III Razão de Estado
47 IV Notícias falsas sobre a guerra
51 V Antissionismo e antissemitismo
61 VI Violência, terrorismo, resistência
79 VII Memórias cruzadas
87 VIII *From the river to the sea*

Gaza diante da história

Os inimigos podem talvez triunfar sobre Gaza.
(O mar tempestuoso pode triunfar
sobre uma pequena ilha.)
Podem cortar-lhe todas as árvores.
Podem quebrar-lhe os ossos.
Podem plantar tanques nas entranhas de suas
crianças e de suas mulheres.
Podem jogá-la no mar, na areia ou no sangue.
Mas ela não reproduzirá a mentira.
Não dirá sim aos invasores.
Continuará a explodir.
Não se trata de morte, não se trata de suicídio.
Mas é a maneira de Gaza declarar que merece viver.

Mahmoud Darwish
«Silêncio para Gaza», 1973

Prefácio

Este breve ensaio nasce do contexto trágico da guerra em Gaza e das polêmicas inflamadas que se seguiram. O atentado do Hamas de 7 de outubro de 2023 foi objeto, por quase toda parte, de uma necessária e compreensível condenação. Por outro lado, a fúria devastadora e homicida desencadeada por Israel nos meses seguintes suscitou reações muito mais mitigadas, distanciamentos envergonhados mas sempre indulgentes, em geral complacentes. As raras críticas que se ouviram a respeito da política israelense não colocam em discussão uma premissa de simpatia e solidariedade. O subtexto dos editoriais é quase sempre o mesmo: «sinceramente, vocês estão exagerando, não podemos deixar de criticar os seus métodos brutais, mas o fazemos porque estamos, como sempre, do seu lado, queremos ajudar vocês a combater os monstros que estão na sua frente». Os países daquilo que se convencionou chamar de Sul Global expressaram a sua unânime indignação diante da destruição de Gaza, enquanto o Ocidente — ou seja, a grande maioria dos seus governos e de sua imprensa — aprovou-a, quando não a facilitou, aprofundando cada vez mais o abismo entre as suas elites e a sua opinião pública.

As páginas que seguem decorrem dessa constatação. Não se trata, portanto, de um texto escrito com um sereno distanciamento, mas antes uma tentativa de elaborar uma primeira reflexão, sem esconder os sentimentos de espanto, incredulidade, desalento e raiva que me tomaram de assalto nesses meses. Eu poderia dizer, parafraseando Sartre, que se trata de um texto escrito *en situation*. O título *Gaza diante da história* não deve levar a engano. Não sou um estudioso do Oriente Médio, do conflito árabe-israelense, nem mesmo da Palestina. Não tenho a pretensão de analisar essa guerra, de descrever seus atores, as perspectivas e a dimensão geopolítica. Outros já o fazem muito melhor do que eu, com ferramentas e conhecimentos que não possuo. O objetivo destas páginas é outro. Eu quis lançar um olhar crítico sobre o debate político e intelectual que a crise de Gaza suscitou, buscando desenredar o nó de história e memória que a envolve. Em síntese, trata-se de uma reflexão crítica sobre o presente e as maneiras como a história foi convocada para interpretá-lo. A questão é ampla e mereceria uma obra muito mais aprofundada do que essas anotações redigidas às pressas, mas há urgência. Os historiadores podem contrariar seus hábitos ao assumir alguns riscos, sobretudo se não cultivam a ilusão de encarnar uma ciência «axiologicamente neutra» — como é o meu caso.

Todos compreenderam que essa guerra marca uma virada, não apenas por suas consequências geopolíticas, mas também por aquilo que os palestinos e os israelenses representam aos olhos do mundo. No entanto, ela hoje pertence ao presente, e ainda não somos capazes de escrever a sua história; a historização dos grandes acontecimentos requer tempo, fontes instituídas e acessíveis, um olhar distanciado, uma indispensável perspectiva crítica. Sem dúvida, no futuro a guerra de Gaza encontrará os seus historiadores. Por ora, podemos apenas observar os usos públicos do passado por ela suscitados e refletir sobre as ferramentas que a história nos oferece para perscrutar o presente e sobre as instrumentalizações frequentemente discutíveis, e por vezes infames, das quais ela é objeto. É disso que me ocupo aqui. O meu ponto de vista é «dissonante», no sentido de que não coincide com os axiomas dessa pequena parte do mundo que chamamos Ocidente, a qual pretende deter o monopólio não apenas do poder, mas também da moral. Nesse coro consensual, o meu texto age como «contraponto», retomando o convite que Edward W. Said dirigia anos atrás aos intelectuais, lamentando que suas vozes fossem cada vez menos ouvidas, mergulhadas no alvoroço midiático. Se, todavia, experimentamos mudar de ponto de observação, colocando-nos no lugar de quem sofre essa guerra, as vozes dissonantes dizem coisas absolutamente óbvias.

Na origem deste breve texto, há um artigo publicado em dezembro passado no jornal italiano *Il Manifesto* e retomado em inglês, numa versão atualizada, pela revista americana *Jacobin*, assim como uma entrevista concedida ao jornal francês *Mediapart*, depois traduzida para diferentes línguas. As reações suscitadas por essas intervenções me levaram a redigir um ensaio mais longo, esclarecendo algumas observações. Agradeço a Alexandre Sánchez e Lux Éditeur — bem como a Laterza, Akal, Verso, Editora Âyiné — por terem aceitado publicá-lo, convencidos de que, para além dos diferentes pontos de vista que é possível ter sobre essa questão, é preciso acolher e difundir uma voz crítica.

Enzo Traverso
Ithaca, Nova York, 23 de maio de 2024.

I
Executores e vítimas

Em um ensaio excepcional dedicado aos bombardeios aéreos durante a Segunda Guerra Mundial, o romancista alemão W. G. Sebald se questiona sobre as razões do silêncio que, no final do conflito, cercava os sofrimentos pelos quais passaram seus concidadãos.[1] Em 1945, a Alemanha estava devastada, quase 600 mil pessoas haviam morrido sob os escombros de suas cidades aniquiladas, um número ainda maior de civis havia sido ferido e alguns milhões ficaram desabrigados e foram forçados a vagar em massa. Todavia, esse sofrimento extremo era censurado e interiorizado por uma sociedade muda; praticamente ninguém ousava expressá-lo publicamente. Claro, a Alemanha ocupada já não era uma nação soberana, mas esse silêncio tinha razões mais profundas. Os alemães sabiam que, enquanto o fogo devorava as suas cidades, a Wehrmacht, a polícia e as ss estavam perpetrando crimes muito mais graves do que aqueles que eles mesmos haviam sofrido. Isso explica o fato de eles terem se fechado num silêncio culpado e a solicitude com a qual removeram os escombros e reconstruíram as suas cidades no pós-guerra.

Os sofrimentos infligidos aos civis alemães durante e após a Segunda Guerra Mundial, ao serem expulsos aos

---

[1] W. G. Sebald, *Guerra aérea e literatura*. Trad. de Carlos Abbenseth e Frederico Figueiredo. São Paulo: Companhia das Letras, 2011.

milhões da Europa Central, são incontestáveis, mas, quando Martin Heidegger os evocou para inverter os papéis e apresentar a Alemanha como sendo vítima de uma agressão externa, Herbert Marcuse decidiu pôr fim à correspondência entre eles. Ao adotar essas posições, escreveu, Heidegger se colocava «fora do logos», fora «da dimensão na qual ainda é possível um diálogo entre seres humanos».[2] Foi somente no final dos anos 1990, quando a Alemanha reunificada havia integrado plenamente a memória dos crimes nazistas em sua consciência histórica, que seus próprios sofrimentos durante a Segunda Guerra Mundial puderam ser não apenas estudados, mas também reconhecidos e discutidos na esfera pública sem suscitar mal-entendidos, sem aparecer como desculpas ou tentativas de autoabsolvição.[3] Nesse sentido, tenho a impressão de que, hoje, a grande maioria dos nossos editorialistas e comentadores se tornou «heideggeriana», inclinada a inverter os papéis entre os agressores e as vítimas, com a diferença de que os agressores de hoje não são mais os vencidos, mas os vencedores.

A guerra em Gaza não é a Segunda Guerra Mundial, isso é evidente, mas as analogias históricas — que nunca são homologias — podem nos orientar, ainda que impliquem

---

[2] Carta de Herbert Marcuse a Martin Heidegger, 12 maio. 1948, in Herbert Marcuse, *Technology, War and Fascism*. Org. de Douglas Kellner. Nova York: Routledge, 1998, p. 267 [ed. bras.: *Tecnologia, guerra e fascismo*. Trad. de Maria Cristina Vidal Borba. São Paulo: Ed. Unesp, 1999]. Posições análogas às de Heidegger eram também defendidas por Carl Schmitt, em particular nas páginas do seu diário na data de 21 ago. 1949; cf. Carl Schmitt, *Glossario*. Org. de Petra Dal Santo. Milão: Giuffrè, 2001 [1991], pp. 368-9.

[3] No centro desse debate estava o livro de Jörg Friedrich, *O incêndio: como os aliados destruíram as cidades alemãs 1940-1945*. Trad. de Roberto Rodrigues. 3. ed. Rio de Janeiro: Record, 2007

atores bastante diferentes e acontecimentos de outra magnitude. É com esse espírito que, em 1994, Jean-Pierre Chrétien fez referência a um «nazismo tropical» em operação quando do genocídio dos tutsi em Ruanda e que a palavra «genocídio» reapareceu na Europa durante a guerra na antiga Iugoslávia, particularmente após o massacre de Srebrenica.[4] Nos genocídios, por mais complexo que seja o contexto histórico, há sempre executores e vítimas. Mas o historiador que contará amanhã a guerra em Gaza terá que fazer uma constatação diferente daquela de Sebald, porque hoje os papéis estão invertidos. Enquanto destrói Gaza sob uma chuva de bombas, Israel é apresentado como a vítima do «maior pogrom da história depois do Holocausto».

A cena é paradoxal, como um tribunal de Nuremberg em que, em vez de julgar as atrocidades cometidas pelos nazistas, fossem julgadas aquelas cometidas pelos Aliados. Símbolo da justiça dos vencedores, o Tribunal de Nuremberg foi cheio de contradições, mas ninguém podia contestar seriamente a culpabilidade dos acusados.[5] Desde 7 de outubro de 2023, em contrapartida, Israel sempre se coloca como vítima. A destruição de Gaza? Um excesso deplorável em uma guerra legítima de autodefesa, a reação desmedida de um Estado ameaçado que se protege de todas as formas. Nos anos 1980, o historiador conservador Ernst Nolte qualificava os crimes nazistas como «reativos», certamente lamentáveis,

---

[4] Jean-Pierre Chrétien, «Un nazisme tropical au Rwanda? Image ou logique d'un génocide», *Vingtième siècle. Revue d'histoire*, n. 48, 1995, pp. 131-42.
[5] Ver Annette Wieviorka, *Le procès de Nuremberg*. Paris: Liana Levi, 2022 [1995]; e também, para uma reflexão mais geral, Danilo Zolo, *La giustizia dei vincitori. Da Norimberga a Baghdad*. Roma-Bari: Laterza, coleção «Sagittari Laterza», 2006; e Pier Paolo Portinaro, *I conti con il passato. Vendetta, amnistia, giustizia*. Milão: Feltrinelli, coleção «Campi del sapere», 2011.

mas nascidos na luta contra uma ameaça muito real encarnada pelo bolchevismo, o «*prius* lógico e factual» dos totalitarismos do século XX e da guerra no fronte oriental.[6] Hoje o «*prius* lógico e factual» se chama Hamas, um movimento cuja única razão de ser seria o ódio em relação a Israel.

No crepúsculo da guerra fria, na época da *Historikerstreit* [controvérsia entre historiadores], todos os conservadores defendiam Nolte, que havia corajosamente exposto as motivações de Hitler: o fato de a visão de mundo do Führer se basear em uma forma radical de antibolchevismo deveria constituir uma circunstância atenuante. Era, pois, necessário relativizar os crimes nazistas. Os jornais que então defendiam Nolte, em primeiro lugar o *Frankfurter Allgemeine Zeitung*, são hoje inflexíveis apoiadores de Israel.[7] Para eles, o fundamentalismo islâmico, que eles identificam com a Palestina, ameaça atualmente o Ocidente da mesma forma que o comunismo no século passado. As motivações ideológicas do front pró-israelense, tão intransigente na luta contra o antissemitismo, são fundamentalmente as mesmas que, quarenta anos atrás, levaram o grande jornal da burguesia alemã a se mostrar tão indulgente para com as interpretações apologéticas de Nolte em relação ao nazismo. Nos dois casos, houve uma inversão dos

---

6   Ernst Nolte, «Un passato che non vuole passare», in Gian Enrico Rusconi (org.), *Germania. Un passato che non passa*. Turim: Einaudi, 1987, p. 8. A respeito desse debate, ver Richard J. Evans, *Hitler's Shadow. West German Historians and the Attempt to Escape from the Nazi Past*. Nova York: Pantheon, coleção «Mazal Holocaust Collection», 1989; e Ian Kershaw, *Qu'est-ce que le nazisme? Problèmes et perspectives d'interprétation*. Paris: Gallimard, coleção «Folio histoire», 1997 [1992], pp. 361-95.
7   Em relação às metamorfoses do pensamento conservador alemão, tomo a liberdade de me remeter a Enzo Traverso, «Longing for the *Sonderweg*», *New German Critique*, vol. 50, n. 3, 2023, pp. 205-15.

papéis: no debate da época, as vítimas eram os alemães, não os judeus; hoje, as vítimas são os israelenses, não os palestinos. O discurso dominante em torno do 7 de outubro faz dessa data uma espécie de epifania negativa, uma aparição repentina do mal da qual irrompe uma guerra reparadora. Passou-se a contar do zero, como se essa data fosse a única origem dessa tragédia. O 7 de outubro teria rasgado o véu sobre o Hamas e Israel, designando a cada um seu papel, o executor e a vítima. A Faixa de Gaza, território habitado por 2,4 milhões de pessoas submetidas a uma segregação total há dezesseis anos, tornou-se, então, o berço do mal, onde assassinos inescrupulosos agem com toda a impunidade, transformando os civis em «escudos humanos». Na realidade, a destruição de Gaza é a conclusão de um longo processo de opressão e desenraizamento. Vinte e dois anos atrás, em agosto de 2002, Edward Said descrevia nestes termos a violência israelense durante a Segunda Intifada:

Gaza é cercada em três lados por uma cerca metálica eletrificada; aprisionados como animais, seus habitantes não podem se deslocar, trabalhar, vender os legumes e as frutas que cultivam, ir à escola... Eles estão expostos a ataques aéreos de aviões e helicópteros israelenses e, em terra, são abatidos como coelhos pelos carros blindados e metralhadoras. Faminta e miserável, Gaza é, do ponto de vista humano, um pesadelo, composto por [...] milhares de soldados comprometidos com a humilhação, a punição e o enfraquecimento intolerável de cada palestino, independentemente da idade, do sexo e do estado de saúde. Suprimentos médicos são retidos na fronteira, ambulâncias são alvejadas ou avariadas, centenas de casas e terrenos agrícolas são destruídos, centenas de milhares de árvores são derrubadas em nome de uma punição coletiva sistemática que visa os civis, a maioria deles refugiados como resultado da destruição de sua sociedade em 1948.[8]

---

8 Edward W. Said, *From Oslo to Iraq and the road map. Essays.* Nova York: Pantheon, 2004, pp. 197-8.

O 7 de outubro não é uma súbita explosão de ódio, possui uma longa genealogia. É uma tragédia metodicamente preparada por aqueles que hoje gostariam de ser vistos como vítimas. É uma tragédia ainda em curso; nessa medida, é importante não inverter os papéis. Um simples olhar para a cronologia permite compreender como se chegou ao «pogrom» de 7 de outubro. Desde a retirada de Israel em 2005, a Faixa de Gaza sofreu diversos ataques por parte do Tzahal que causaram milhares de mortes: 1.400 em 2008 (contra 13 israelenses), 170 em 2012, 2.200 em 2014. Em 30 de março de 2018, uma grande manifestação pacífica contra o bloqueio da Faixa acabou num massacre: 189 mortos e 6 mil feridos. Em 2023, entre 1º de janeiro e 6 de outubro, o Tzahal já havia assassinado 248 palestinos nos territórios ocupados e encarcerado 5.200. Entre 2008 e 6 de outubro de 2023, o Tzahal assassinou quase 6.400 palestinos, dos quais mais de 5 mil em Gaza, e feriu 158.440, enquanto as vítimas israelenses do Hamas e de outros grupos islâmicos somaram 310 mortos e 6.460 feridos.[9] Em Gaza, há cerca de 1,5 milhão de refugiados palestinos, o que representa mais da metade da população. A taxa de desemprego é de 50%, e 80% da população vive no limiar da pobreza. O PIB não cessou de diminuir nos últimos anos, fazendo da intervenção humanitária da Agência das Nações Unidas de Assistência aos Refugiados da Palestina no Oriente Próximo (The United Nations Relief and Works Agency for Palestine Refugees in the Near East, UNRWA) uma condição de sobrevivência. Os menores de 25 anos representam 75% da população, e

---

9 Ver os dados oficiais das Nações Unidas publicados em 12 out. 2023, «Data on Casualties», United Nations Office for the Coordination of Humanitarian Affairs, https://ochaopt.org/data/casualties.

todos eles vivem, na prática, em um contexto de segregação desde o nascimento. A poucos quilômetros dali, pouco além da barreira eletrônica, protegidos pela «Cúpula de Ferro» (*Iron Dome*), o escudo antimíssil que intercepta os foguetes, os israelenses vivem como na Europa. Tel Aviv é tão cosmopolita, moderna, feminista e *gay friend- ly* como Berlim. A sua indústria cultural exporta seriados televisivos para o mundo todo, e, nos últimos anos, também a sua gastronomia é igualmente apreciada. Eis o pano de fundo do 7 de outubro.

O conceito de genocídio não pode ser usado de maneira leviana; ele pertence ao âmbito jurídico e, como muitos pesquisadores sublinharam, se adapta mal às ciências sociais. Sempre foi objeto de usos políticos, para estigmatizar inimigos ou defender causas memoriais. Tudo isso é verdade, e é preciso ter consciência disso, mas esse conceito não pode ser deixado de lado, sobretudo neste momento. A única definição normativa de que dispomos, aquela da Convenção das Nações Unidas de 1948 sobre o genocídio, descreve muito fielmente a situação hoje em curso na Palestina. É com base nessa definição que a Corte Internacional de Justiça (CIJ) lançou o alarme contra um risco de genocídio na Faixa de Gaza e intimou a comunidade internacional a tomar medidas para pôr um fim na questão. Segundo o artigo 2 dessa convenção, estamos diante de um genocídio quando atos são «cometidos com a intenção de destruir, totalmente ou em parte, um grupo nacional, étnico, racial ou religioso, como tal»; uma intenção que implica ao menos um destes crimes: «a) assassinato de membros do grupo; b) atentado grave à integridade física ou mental de membros do grupo; c) submissão intencional do grupo a condições de existência suscetíveis de acarretar a sua destruição física total ou parcial; d) medidas que visam a impedir nascimentos dentro do grupo».[10] É evidente que essa definição descreve exatamente o que está ocorrendo hoje em Gaza.

Desde 15 de outubro de 2023, oitocentos pesquisadores de diferentes disciplinas, do direito internacional aos estudos sobre o genocídio e o Holocausto, alertaram sobre um risco de genocídio em Gaza. Nos meses que se seguiram, o *Journal of Genocide Research* abriu um debate sobre a questão ao publicar inúmeras intervenções que apresentam esse genocídio não mais como um «risco», mas como uma realidade.[11] Para Raz Segal, professor de estudos sobre o genocídio e o Holocausto na Stockton University (New Jersey, EUA), Gaza constitui «um caso clássico de genocídio», e essa avaliação é compartilhada por A. Dirk Moses, também titular de uma cadeira consagrada ao estudo dos genocídios e autor de diversas obras de referência na matéria.[12] Conforme ele salienta, a intenção de aniquilar Gaza em seu conjunto estava implícita na declaração de Benjamin Netanyahu em 28 de outubro, em que ele citava o episódio bíblico da luta implacável dos judeus contra os amalequitas (a passagem de 1 Samuel 15,3 diz o

---

10   Sobre as origens do conceito de genocídio, ver Rafaël Lemkin, *Qu'est-ce qu'un génocide?* Mônaco: Rocher, 2008 [1944]. Sobre o contexto no qual surgiu o conceito de genocídio, ver Donald Bloxham, *Genocide on Trial. War Crimes Trials and the Formation of Holocaust History and Memory.* Nova York: Oxford University Press, 2001.
11   Notadamente Raz Segal, Luigi Daniele, Melanie S. Tanielian, Didier Fassin, Shmuel Lederman, Uğur Ümit Üngör, Elyse Semerdjian, Mark Levene, Zoé Samudzi, Abdelwahab El-Affendi e Martin Shaw.
12   Raz Segal, «A Textbook Case of Genocide», *Jewish Currents*, 13 out. 2023; A. Dirk Moses, «More than Genocide», *Boston Review*, 14 nov. 2023. Dirk Moses é o autor de *The Problems of Genocide. Permanent Security and the Language of Transgression.* Nova York: Cambridge University Press, coleção «Human Rights in History», 2021.

seguinte: «Agora vão, ataquem os amalequitas e consagrem ao Senhor para destruição tudo o que lhes pertence. Não os poupem; matem homens, mulheres, crianças, recém-nascidos, bois, ovelhas, camelos e jumentos»).[13]

O historiador Omer Bartov, um dos oitocentos pesquisadores que assinaram a convocação, tem razão ao observar que, nascida sob o impacto da Shoah, a Convenção das Nações Unidas «subiu demais a régua e reservou a designação de genocídio aos eventos de igual alcance, clareza ideológica e eficiência burocrática». Isso, acrescenta ele, também «criou uma lacuna» entre uma definição jurídica que permanece bastante abrangente, suscetível de interpretações amplas, e um imaginário popular do genocídio, «que deve se assemelhar ao Holocausto para merecer esse título».[14] Nem todos os genocídios têm a mesma escala ou são cometidos com os mesmos meios. Pode-se exterminar com projéteis, câmaras de gás, facão, deportando dezenas de milhares de seres humanos para um deserto ou para regiões desprovidas de meios de subsistência, como na Namíbia em 1904 ou na Anatólia em 1916, provocando a fome ou agindo deliberadamente para não evitá-la, como fizeram os britânicos em Bengala em 1943,[15] ou ainda destruindo uma cidade por meio de bombardeios sistemáticos planejados pela inteligência artificial (IA). A exterminação dos judeus da Europa respondia

---

13   Sobre essa declaração de Netanyahu, amplamente difundida na mídia, ver Noah Lanard, «The Dangerous History Behind Natanyahu's Amalek Rethoric», *Mother Jones*, 3 nov. 2023.
14   Omer Bartov, «Weaponizing Language: Misuses of Holocaust Memory and the Never Again Syndrome», Council for Global Cooperation, 12 mar. 2024.
15   Ver Janam Mukherjee, *Hungry Bengal. War, Famine and the end of Empire.* Oxford: Oxford University Press, 2015.

a diversos objetivos, entre os quais um imperativo ideológico e racial; a finalidade dos genocídios coloniais na África e na Ásia eram a conquista e a submissão; outros genocídios, como aquele das Primeiras Nações da América do Norte, visavam a exterminar para substituir.

A história da guerra em Gaza será escrita nas décadas que virão; hoje, é preciso freá-la. Essa é a função de um alerta contra um genocídio em curso. Os comentadores que interpretam essa advertência como uma tentativa antissemita de minimizar o Holocausto ou de contestar seu caráter único demonstram somente a que ponto uma memória mística, exclusivista e autorreferente pode se tornar míope, insensível e deletéria.

Seria possível observar que o massacre dos habitantes de Gaza se soma àqueles sofridos em anos recentes por Aleppo ou Mossul e é amplamente superado pelo número de vítimas dos bombardeios que destruíram as cidades alemãs, soviéticas ou japonesas durante a Segunda Guerra Mundial. É verdade, mas o martírio dessas cidades era o resultado de guerras nas quais se enfrentavam inimigos de grandeza análoga. Em Aleppo e Mossul, combateu-se conquistando quarteirões, edifício por edifício, como em Stalingrado. Nesse caso, os civis se tornam reféns, já que ficam enredados em conflitos nos quais os beligerantes querem destruir-se mutuamente. O conceito de guerra — retomado aqui de acordo com o uso corrente desses últimos meses — não é totalmente apropriado para definir o que está acontecendo em Gaza, onde não há dois exércitos que se enfrentam, mas uma máquina de guerra muito potente e sofisticada que metodicamente elimina um conjunto de centros urbanos habitados por quase 2,5 milhões de pessoas. É uma destruição unilateral, contínua, inexorável. Não estamos diante de dois exércitos, dada a incomensurável discrepância entre o Tzahal e o Hamas, mas de carrascos e vítimas, um exército e uma população civil, o que corresponde precisamente às condições associadas ao genocídio.

Há uma hipocrisia flagrante na linguagem agora convencional que, por um lado, nega aos combatentes do Hamas o status de adversários legítimos, sob o pretexto de que eles seriam um reles bando de terroristas, e que, por outro, qualifica como «danos colaterais» ou, entre os comentadores mais audaciosos, «crimes de guerra» as dezenas de milhares de civis palestinos assassinados durante o extermínio planejado de Gaza. Os crimes de guerra, intencionais ou acidentais, não são o objetivo de uma guerra, mas uma de suas consequências. A destruição de Gaza, por sua vez, é o objetivo da ofensiva israelense. As facções mais extremistas do governo Netanyahu perseguem metas ambiciosas e gostariam de proceder a uma completa limpeza étnica da Faixa, expulsando seus habitantes pela fronteira egípcia ou pelo mar. Onze ministros desse governo participaram em janeiro de uma reunião de sionistas extremistas a favor da recolonização de Gaza.[16]

Um dos objetivos da Convenção da ONU de 1948 era superar os limites do Tribunal de Nuremberg, no qual os crimes nazistas haviam sido tratados como crimes de guerra. Ora, um genocídio não se reduz a um crime de guerra. Por isso é que a CIJ reconheceu, na sua decisão de 26 de janeiro de 2024, que a acusação de genocídio apresentada pela África do Sul era, no mínimo, «plausível» e intimou Israel a tomar todas as medidas em seu poder para impedir seu exército de cometer

---

16   Bethan McKernan, «Israeli Ministers Attend Conference Calling for 'Voluntary Migration' of Palestinians», *The Guardian*, 29 jan. 2024.

atos de genocídio na Faixa de Gaza. Durante os três meses seguintes, a situação se agravou e, no final de março, a mesma Corte emitiu uma segunda decisão para evitar a fome que então se «instalou» naquela terra devastada. Israel ignorou essas decisões e prosseguiu com sua campanha homicida; os seus aliados nada fizeram para impedi-la. Em 20 de maio, o procurador da Corte Penal Internacional (CPI) requereu um mandado de prisão contra Netanyahu e o ministro da Defesa Yoav Gallant. Os chefes de Estado ocidentais, a começar por Joe Biden, declararam-se indignados. A CPI é herdeira do Tribunal de Nuremberg: suas iniciativas são elogiadas desde que tenham como alvo os inimigos do Ocidente, tais como a Rússia e a Sérvia, ou os bárbaros do Sul, como os carrascos de Kigali; elas suscitam escândalo se forem dirigidas contra os líderes israelenses.

II
Orientalismo

Um lugar-comum consiste em descrever o Estado de Israel como uma ilha democrática em meio a um oceano de obscurantismo, e o Hamas como uma horda de bestas sedentas por sangue. Parecemos estar no século XIX, quando o Ocidente perpetrava genocídios em nome da sua missão civilizadora.[17] O orientalismo não morreu no mundo global do século XXI; a atmosfera ainda está saturada dele. Os seus postulados essenciais permanecem os mesmos, fixados em uma imaginária dicotomia ontológica entre civilização e barbárie, progresso e atraso, luzes e trevas. O Ocidente, constatava Edward W. Said em seu ensaio fundamental de mais de quarenta anos atrás, é incapaz de definir a si mesmo a não ser em oposição a uma alteridade radical, aquela de uma humanidade colonial, não branca, considerada de menor valor e hierarquicamente inferior.[18] A diferença entre a época em que Said escrevia *Orientalismo — O Oriente como invenção do Ocidente* e hoje está no fato de que, no século XX, o Ocidente

---

17 Para uma formulação paradigmática deste clichê — o conflito entre a civilização (Israel) e a barbárie (Hamas) —, ver Yehuda Bauer, «Hamas and Israel Live in Different Worlds», *The Times of Israel*, 5 nov. 2023.
18 Edward W. Said, *Orientalismo — O Oriente como invenção do Ocidente*. Trad. de Rosaura Eichenberg. São Paulo: Companhia das Letras, 2007.

conquistador pretendia difundir as suas Luzes, enquanto hoje se considera uma fortaleza sitiada.

Assim, ferida pelo ataque «bárbaro» do Hamas, «a única democracia do Oriente Médio» tem, afirma-se, o direito de se defender: todos os nossos chefes de Estado foram em peregrinação a Tel Aviv para garantir a Netanyahu seu apoio militar. Um apoio que permanece inabalável, mesmo depois da resolução do Conselho de Segurança da ONU por um cessar-fogo em Gaza — que continuará como um voto piedoso enquanto ninguém agir para impor sua aplicação — e mesmo depois de a CIJ ter reconhecido que existe um risco de genocídio. Ao lado das declarações rituais sobre o direito de Israel de se defender, ninguém jamais evoca o direito dos palestinos de resistir a uma agressão que dura há décadas, porque ninguém reconhece que os palestinos tenham uma história.

O tropo da confrontação entre civilização e barbárie, agora explicitamente reformulado como um duelo entre democracia ocidental e terrorismo islâmico, encontrou a sua expressão mais cínica nas palavras dos porta-vozes do Tzahal citados pelos meios de comunicação israelenses *+972* e *Local Call*. Os bárbaros do Hamas, dizem, matam civis e lançam foguetes às cegas sobre as cidades israelenses com a esperança de que alguns deles não sejam interceptados e que causem estragos. O Tzahal encarna, ao contrário, o progresso tecnológico: as suas bombas não são cegas, escolhem os seus alvos com a ajuda da IA. De acordo com um ex-agente dos serviços de inteligência, o exército israelense desenvolveu um programa chamado «Habsora» [Evangelho] que seleciona automaticamente os seus alvos e atua como uma «fábrica de assassinatos em massa». Como explica um outro agente do Tzahal, «nada acontece por acaso. Quando uma menininha de três anos é assassinada numa casa em Gaza, é porque alguém no exército decidiu que não importava que ela morresse, que era o preço a ser pago para atingir [um outro] alvo. Nós não somos o Hamas. Esses não são foguetes lançados ao acaso. É tudo intencional. Sabemos exatamente quantos são os danos colaterais em cada casa».[19]

As investigações que se seguiram à morte de sete trabalhadores humanitários internacionais no dia 1º de abril revelaram a existência de um segundo plano de eliminação, chamado «Lavender» [Lavanda], confiado à IA, que teria permitido identificar 37 mil quadros subalternos do Hamas, não combatentes, suscetíveis de serem atingidos por «bombas burras» (*dumb bombs*), assim denominadas em oposição às «bombas inteligentes» (*smart bombs*), já que menos dispendiosas e não «cirúrgicas». Naquele dia, os algoritmos, que não são programados para distinguir o valor da vida humana segundo a raça ou a religião, acionaram ataques «burros» contra trabalhadores humanitários australianos, britânicos e poloneses. Conforme explicou um agente a respeito da utilidade das bombas, «ninguém quer desperdiçar com gente sem importância bombas que custam caro».[20]

Seria difícil encontrar um exemplo melhor da «racionalidade instrumental», essa razão desvinculada de qualquer consideração humana e social, na qual primeiro Max

---

19   Yuval Abraham, «'A mass Assassination Factory': Inside Israel's Calculated Bombing of Gaza», *+972*, 30 nov.2023.
20   Yuval Abraham, «'Lavender': The AI Machine Directing Israel's Bombing Spree in Gaza», *+972*, 3 abr. 2024. Ver também Benjamin Barthe, «Dans la bande de Gaza, les crimes de guerre sont démultipliés par les algorithmes», *Le Monde*, 9 abr. 2024.

Weber e depois Theodor W. Adorno e Max Horkheimer haviam discernido o motor da civilização ocidental.[21] Após o 7 de outubro, o limite de tolerância para os «danos colaterais» aumentou consideravelmente, e as crianças assassinadas pelas bombas se contam aos milhares. Até o momento, o Hamas assassinou «barbaramente» quase 1.200 israelenses, entre os quais 800 civis; o Tzahal assassinou «inteligentemente» 35 mil palestinos, um quarto dos quais, talvez, combatentes do Hamas, e muitos analistas estimam em 20 mil o número adicional de mortos ainda sob os escombros.

Tudo é planejado: a destruição de ruas, edifícios, escolas, hospitais, universidades, museus, monumentos e até mesmo cemitérios, arrasados por retroescavadeiras; a interrupção do abastecimento de água, eletricidade, gás, combustível e internet; o acesso negado à alimentação e aos medicamentos; a evacuação de mais de 1,8 milhão dos 2,3 milhões de habitantes de Gaza em direção ao sul da Faixa, onde são novamente bombardeados; doenças, epidemias e, agora, a fome. Incapaz de erradicar o Hamas, o Tzahal pôs-se a eliminar a intelligentsia palestina: universitários, médicos, técnicos, jornalistas, artistas, intelectuais e poetas. O alerta lançado pela CIJ não é abstrato: a população palestina de Gaza é submetida a um massacre planejado e implacável, desenraizada, privada das condições mais elementares de sobrevivência. Vamos repetir: a guerra israelense contra Gaza está assumindo as características de um genocídio. Mas nada acontece. A palavra genocídio foi banida dos meios de comunicação que, quando são de fato obrigados a usá-la, se apressam a confiná-la entre aspas e convidam um «especialista» a

---

21   Max Horkehimer e Theodor W. Adorno, *Dialética do esclarecimento*. Trad. de Guido A. de Almeida. Rio de Janeiro: Zahar, 1985.

postos que atenua a acusação, quando muito simplesmente não a nega. Estamos aqui no âmago da «dialética da razão»: a CIJ é, de fato, a expressão jurídica de uma ideia universal de humanidade herdada do Iluminismo, mas seus princípios se chocam com preconceitos orientalistas, que limitam seu escopo de aplicação às fronteiras do Ocidente, o berço da «civilização». O direito afirma princípios universais, mas as grandes potências querem enquadrá-lo no âmbito de seus dispositivos de dominação. Em sua origem, o direito internacional era efetivamente um «direito público europeu» (*jus publicum europaeum*), cujas regras eram válidas apenas no Velho Mundo. As conquistas coloniais estavam fora de sua jurisdição, e seus princípios não se aplicavam aos povos colonizados. Hoje, a CIJ adverte sobre um risco de genocídio em Gaza, após receber uma ação penal da África do Sul, enquanto o Tribunal Penal Internacional foi acionado com um pedido de prisão para Netanyahu e seu ministro da Defesa, acusados de crimes contra a humanidade por um promotor britânico de origem paquistanesa. Esse deslocamento para o Sul do direito humanitário internacional tem um grande significado simbólico. O universalismo sempre foi o Ocidente estendendo seus valores em escala planetária; seus representantes não tinham lições a aprender. Os povos do Sul podiam ser objetos de intervenções humanitárias do Ocidente, mas não sujeitos do direito internacional. Basicamente, é esse deslocamento simbólico — tanto cultural quanto político — que os chefes de Estado ocidentais qualificam como «escandaloso» e intolerável.

Quando o orientalismo atingiu o seu apogeu na virada do século XX, os judeus faziam parte do Ocidente, mas como hóspedes indesejáveis, excluídos e desprezados. Mesmo os mais poderosos dentre eles — Gerson von Bleichröder, o banqueiro de Otto von Bismarck, e Walter Rathenau, o ministro das Relações Exteriores da República de Weimar, são exemplos emblemáticos[22] — eram estigmatizados e considerados reles novos-ricos. Excluídos do poder, eles encarnavam a consciência crítica europeia. O pensamento deles, observava Said, marcava um «contraponto» ao discurso dominante. Hoje, foram «branqueados» e se sentem em casa dentro da civilização dita «judaico-cristã». Não apenas são parte integrante do Ocidente, mas se tornaram até mesmo seu símbolo. São amados e adulados por aqueles que em outros tempos os desprezavam e os perseguiam. Na Europa Ocidental, a luta contra o antissemitismo se tornou a bandeira atrás da qual se reúnem todos os movimentos ditos «pós-fascistas» e de extrema direita, prontos para lutar contra a «barbárie islâmica», antes mesmo de terem se livrado dos seus velhos trajes antissemitas.

Em 1949, após a sua visita às ruínas do gueto de Varsóvia, W. E. B. Du Bois acreditava ter compreendido que o racismo não se limitava à «linha de cor» (*color line*)[23] e que o fenômeno era mais complexo, como o genocídio dos judeus demonstrava. O ódio racial existia também dentro da Europa branca e podia ser radical: no final do século XIX, já havia ultrapassado as clivagens religiosas e, durante

---

22   Ver Fritz Stern, *Gold and Iron: Bismarck, Bleichröder, and the Build- ing of the German Empire*. Nova York: Knopf, 1977; e Shulamit Volkov, *Walther Rathenau: Weimar's Fallen Statesman*. New Haven: Yale University Press, 2012.
23   W. E. B. Du Bois, «The Negro and the Warsaw Ghetto» (1952), *The Oxford W. E. B. Du Bois Reader*. Nova York: Oxford University Press, 1996. p. 625. Ver Michael Rothberg, *Multidirectional Memory: Remembering the Holocaust in the Age of Decolonization*. Stanford: Stanford University Press, 2009, cap. 4, pp. 111-34.

a Segunda Guerra Mundial, transformara-se em uma política de extermínio. Mas, agora que os judeus passaram para o lado bom, Netanyahu parece bastante determinado a restabelecer essa demarcação. A singular aliança entre os supremacistas judeus de Israel e os supremacistas brancos dos Estados Unidos, que estão entre os mais entusiasmados defensores das colônias na Cisjordânia,[24] assim como o abraço entre os falcões da direita pró-israelense e os líderes do Rassemblement National de Marine Le Pen no parlamento francês, é uma demonstração eloquente disso. O paradoxo é o predomínio dessa linha de cor imaginária em um mundo global mestiçado e «hibridado», no qual os wasps (brancos, anglo-saxões e protestantes) são atualmente minoritários nos Estados Unidos, os países europeus — incluindo antigos países de emigração, como a Itália — se tornaram multiétnicos e os judeus orientais (*Mizrahìm*) oriundos do Magrebe e do Oriente Médio constituem a metade da população israelense. A «linha de cor» é uma representação mental e política ainda mais forte, uma vez que já não corresponde à realidade.

Nos Estados Unidos, durante a primeira metade do século XX, era difícil classificar os judeus na sociedade, pois, não sendo nem negros nem completamente brancos, eles borravam as clivagens e não se situavam claramente de nenhum lado da linha de cor. Nicole Lapierre dedicou algumas páginas esclarecedoras do fenômeno da «mimese negra», tornada célebre na cultura de massa por *The Jazz Singer* [*O*

---

[24] Ver Sylvain Cypel, *L'État d'Israël contre les Juifs*. Paris: La Découverte, coleção «La Découverte/Essais», 2024 [2020], em particular o cap. 4, pp. 121-38, que analisa essa convergência e o nascimento de uma ideia de «pureza racial» dentro da sociedade israelense.

cantor de jazz], o primeiro filme falado, dirigido em 1927 por Alan Crosland, produzido pelos irmãos Warner e interpretado por Al Jolson (Asa Yoelsen, de origem judaico-lituana). Esse filme pertencia à tradição do *minstrel*, um espetáculo extremamente popular na virada do século XX em que atores brancos, com o rosto pintado de negro, apresentavam-se com um repertório afro-americano de música e dança. Muito apreciado entre os atores judeus já no final do século XIX, esse gênero cômico foi interpretado ora como expressão de uma adesão aos estereótipos racistas da época, ora como revelador de uma afinidade entre judeus e negros baseada na identificação entre duas minorias oprimidas.

O *blackface*, sugere Lapierre, contribuiu para a americanização dos imigrantes judeus que, paradoxalmente, mascarados de negros, tornavam-se mais brancos. Conformando-se às divisões raciais da sociedade americana, conseguiam entrar no mundo branco reproduzindo os estereótipos racistas dominantes. Numa época em que eles eram vítimas de discriminação e antissemitismo, as performances dos *minstrels* os ajudavam a se situar no lado bom da linha de cor, entre os brancos. Além disso, esse procedimento mimético que consiste em se colocar na pele do outro também está na origem das transferências culturais entre judeus e negros no século XX. A solidariedade que nasceu disso encontrou a sua expressão mais emblemática no papel desempenhado pelos judeus dentro dos movimentos contra a segregação e pelos direitos civis dos afro-americanos durante os anos 1950 e 1960.[25]

---

25 Nicole Lapierre, *Causes communes. Des Juifs et des Noirs*. Paris: Stock, coleção «Un ordre d'idées», 2011, pp. 274-82.

Ao longo da sua história, o sionismo, nascido como «mimese» judaica dos nacionalismos europeus, tentou colocar um fim a essas outras formas frutíferas de mimetismo, de mestiçagem e de transferência cultural. Em Israel, a transposição dessa linha de cor foi realizada minuciosamente por um conjunto de políticas educativas e culturais, com o apoio indispensável dos meios de comunicação. Em uma fascinante autobiografia, o historiador da Universidade de Oxford Avi Shlaim reconstituiu o percurso que o arrancou de sua terra e de sua cultura e a doutrinação à qual foi submetido em Israel, até seu desencanto, sua emigração para o Reino Unido e seu engajamento antissionista. Nascido em Bagdá, Shlaim viveu o desaparecimento de uma comunidade judaica que fazia parte do Oriente Médio havia milhares de anos. Para ele, a história dessa comunidade se divide em duas partes, cuja clivagem temporal se situa em 1950: primeiro, o Império Otomano e os Estados que o substituíram; em seguida, o nascimento de Israel e suas consequências regionais. Essa data marca uma ruptura radical que designa duas histórias profundamente diferentes, até mesmo opostas. Após 1950, observa Shlaim,

a história mizrahim ou árabe-judaica se incorpora à de Israel e permanece, assim, separada do seu ambiente regional muito mais amplo. Os sionistas se interessam, de maneira obsessiva, somente pela primeira parte da história árabe-judaica, deixando de lado completamente a segunda. O interesse deles pela primeira parte não é inspirado pela busca da verdade, mas por uma propaganda com o objetivo de apresentar os judeus como vítimas de uma perseguição árabe endêmica, uma imagem utilizada para justificar o tratamento atroz que Israel inflige aos palestinos. Uma história rica, fascinante e plural é, dessa maneira, reduzida a uma busca de munições úteis na guerra em curso contra os palestinos.

Essa narrativa, sublinha Shlaim, «não pertence à história, é a propaganda dos vencedores».[26]

Tendo chegado a Israel, os judeus provenientes do mundo árabe foram designados como «orientais», uma categoria que incluía todos os não asquenazitas (nas estatísticas oficiais, eram catalogados sob a rubrica «Ásia/África»). A nova identidade deles, sublinha Yitzhak Laor, os distinguia assim dos judeus europeus, reproduzindo a tradicional oposição colonial entre Oriente (o islã) e o Ocidente (a Europa judaico-cristã). Os «orientais» foram submetidos a um processo de assimilação para serem considerados como autênticos israelenses.[27] De acordo com Ilan Halevi, tratou-se de um processo de «automutilação mental» plenamente comparável àquele descrito por Frantz Fanon a propósito das Antilhas francesas.[28]

Para os supremacistas judeus de Israel e os seus mais ardorosos admiradores — os evangélicos e os supremacistas brancos dos Estados Unidos, ou os seus novos aliados da extrema direita europeia —, a linha de cor foi restabelecida. Mas esse reconhecimento vai bem além dessas correntes, das quais são apenas a expressão paroxística. Como sublinhou Gilbert Achcar, os judeus hoje se beneficiam da «compaixão

---

26 Avi Shlaim, *Three Worlds: Memoirs of an Arab-Jew*. Londres: Oneworld, 2023, pp. 16-7.
27 Yitzhak Laor, *Le nouveau philosémitisme européen et le «camp de la paix» en Israël*. Paris: La Fabrique, 2007, p. 113. Ver também Ella Shohat, *Le sionisme du point de vue de ses victimes juives*. Paris: La Fabrique, 2006.
28 Ilan Halevi, *Question juive. La tribu, la loi, l'espace.* Paris: Syllepse, coleção «Histoire», 2016 [1981], p. 295. Ver Frantz Fanon, *Pele negra, máscaras brancas*. Trad. de Sebastião Nascimento, com colaboração de Raquel Camargo. São Paulo: Ubu, 2020.

narcisista» do Ocidente,[29] o mesmo sentimento que, após o 11 de setembro, levou o *Le Monde* a estampar na primeira página: «Somos todos americanos» — uma fórmula que não se imagina aplicada aos palestinos. Estes, ao contrário, suscitam um sentimento espontâneo de identificação e de simpatia em todos os excluídos do Ocidente. Nos Estados Unidos, os movimentos antirracistas, como o Black Lives Matter [Vidas Negras Importam], imediatamente endossaram a causa palestina, por vezes ao custo de certas simplificações que tendem a reduzir uma questão colonial à sua dimensão racial. A piscina pública do meu bairro em Ithaca, no estado de Nova York, que se chama Alex Haley e é frequentada principalmente por crianças e adolescentes afro-americanos, refez a pintura da sua fachada com as cores da bandeira palestina. A causa palestina tornou-se a causa do Sul Global.

Eis que nos vemos confrontados com outra inversão significativa. O Estado de Israel nasceu em 1948 nas circunstâncias excepcionais do pós-guerra, como produto tardio de um consenso — a aliança entre as democracias ocidentais e a URSS — que estava a se desintegrar no início da guerra fria.[30] Em 1948, é a Tchecoslováquia que lhe fornece as armas para conduzir a guerra contra os países árabes. Mas o ideal igualitário encarnado pelos kibutzim, onde a ausência de árabes permitia escapar da exploração colonial de uma força de trabalho autóctone, rapidamente se transformou em

---

29 Ver Gilbert Achcar, *Le choc des barbaries. Terrorismes et désordre mondial*. Paris: Syllepse, 2017 [2002], p. 43.
30 Dan Diner, *Beyond the Conceivable: Studies on Germany, Nazism, and the Holocaust*. Berkeley: University of California Press, 2000, cap. 12, «Cumulative Contingency: Historicizing Legitimacy in Israeli Discourse», pp. 201-17.

armadilha e criou um implacável dispositivo de exclusão. «Ser anticapitalista na Palestina», escrevia Hannah Arendt em 1950, «significava quase sempre ser antiárabe.»[31] Esse processo prosseguiu metodicamente ao longo das décadas e das guerras com os países fronteiriços, até se tornar um sistema de apartheid. Israel não nasceu como «um posto avançado do imperialismo», a despeito do desejo de Theodor Herzl e de um clichê terceiro-mundista já ultrapassado, mas se converteu nisso ao fim de um longo percurso de integração dentro do campo ocidental. Netanyahu é a encarnação sinistra dessa metamorfose.

Aplicando à história do sionismo os mesmos critérios analíticos que ele já havia adotado para interpretar os nacionalismos europeus, o historiador Zeev Sternhell destacou com lucidez sua matriz «herderiana» e «tribal». Um movimento nascido na Europa Central no final do século XIX como resposta à crise do liberalismo e do processo de emancipação não podia escapar das limitações culturais de sua época. O socialismo dos pais fundadores (Berl Katznelson, Aaron David Gordon e David Ben-Gurion) era uma camada externa, superficial, que sustentava um nacionalismo vigoroso, bem mais convencional.[32] Alguns ideólogos sionistas, como Haïm Arlosoroff e Nachman Syrkin, inspiraram-se declaradamente no nacionalismo alemão de Oswald Spengler e Arthur Moeller van den Bruck, enquanto Martin Buber

---

31   Hannah Arendt, «Peace or Armistice in the Near East?» (1950), in *The Jewish Writings.* Nova York: Schocken, 2007, p. 433 [ed. bras.: «Paz ou armistício no Oriente Médio?», in *Escritos judaicos*. Trad. de Laura D. M. Mascaro, Luciana G. de Oliveira, Thiago D. da Silva. Barueri: Amarilys, 2016].
32   Zeev Sternhell, *Aux origines d'Israël. Entre nationalisme et sionisme.* Paris: Fayard, coleção «L'espace du politique», 1996, p. 26.

entregava-se, em 1911, a uma idealização mística do «sangue» judeu. Isso seria mais do que suficiente para colocar esses intelectuais ao lado de Maurice Barrès, Charles Maurras e Spengler no campo anti-iluminista.[33] O sionismo, entretanto, buscava uma solução política para os problemas de um povo oprimido. Ele havia nascido como uma reação ao antissemitismo, uma das dimensões da «grande batalha contra o Iluminismo» que dominaria o século XX, mas procurava combatê-lo com as mesmas armas e as mesmas ideias que alimentavam o nacionalismo em toda a Europa. O que o diferenciava era sua mitologia própria, que recorria à Bíblia para reivindicar uma espécie de direito divino, ancestral, dos judeus sobre a Palestina. Essa contradição original o situava a meio caminho entre um movimento de libertação nacional (era assim que se caracterizava um movimento sionista de esquerda, como o Poale Zion marxista de Ber Borochov) e uma vassalagem colonialista clássica. Esta última acabou por absorver os outros, aguçando ainda mais essa tensão: a luta por um refúgio converteu-se na guerra para criar um Estado exclusivo no qual os judeus deveriam substituir as populações autóctones, como muitos outros colonialismos europeus já haviam feito na América do Norte, na Austrália ou na África do Sul. Mas Israel surgiu em 1948, quando o mundo entrava na era da descolonização, e o mundo árabe, tanto na Palestina como em outros lugares, havia desenvolvido uma consciência nacional. O sionismo, com seu projeto de construir uma sociedade nacional judaica *sem árabes*, sempre esteve em equilíbrio entre um componente secular e um componente religioso. O primeiro foi permanentemente

---

33 Id., *Les anti-Lumières. Du XVIIIe siècle à la guerre froide.* Paris: Fayard, coleção «L'espace du politique», 2006.

exposto aos excessos do nacionalismo colonial e hierárquico; o segundo — por muito tempo minoritário dentro do judaísmo — reivindicava a terra em nome do mito bíblico: se os judeus são os habitantes originais e legítimos da Palestina, os palestinos são apenas seus ocupantes indevidos. A colonização nada mais é do que um «retorno», cuja condição necessária é a expulsão dos intrusos.[34] Essas duas formas de colonialismo, uma secular e a outra religiosa, sempre estiveram inextricavelmente ligadas dentro do sionismo. Gordon, um dos teóricos do sionismo trabalhista, um nacionalista judeu ucraniano que se estabeleceu na Palestina otomana em 1904, reuniu em seus escritos os argumentos clássicos do colonialismo (a superioridade racial dos europeus sobre os árabes) e os da teologia. Em 1921, ele se perguntava: «E o que é que os árabes criaram durante sua estada aqui? Tais criações, nem que fosse apenas a do Antigo Testamento, conferem um direito indefectível ao povo judeu que as criou na terra em que ele as criou, especialmente se o povo que veio depois dele não criou nada de parecido ou nada em absoluto».[35] Salientando que essas ideias tinham «a total anuência de todos os pais fundadores», Sternhell conclui que, «de fato, a Bíblia foi o argumento supremo do sionismo».[36] Hoje, essas duas tendências, secular e religiosa, coligaram-se em um projeto teológico-político que assume um caráter radical,

---

34 Ver Elias Sanbar, «*La dernière guerre?*» *Palestine, 7 octobre 2023 — 2 avril 2024*. Paris: Gallimard, coleção «Tracts», 2024.
35 Aaron David Gordon, «Lettres à la diaspora» (1921), *Écrits*, tomo 1, *La nation et le travail*. Jerusalém: Librairie sionista, 1952, p. 560 (em hebraico). Citado em Sternhell, *Aux origines d'Israël*, op. cit. p. 111.
36 Ibid.

redentor. Nesse contexto, o sionismo socialista das origens desapareceu literalmente.

Em 1896, Theodor Herzl, o pai espiritual de Israel, publicava *Der Judenstaat* [*O Estado judeu*], texto fundador do sionismo em que ele apresentava esse futuro Estado judeu como «um posto avançado da Europa contra a Ásia, a vanguarda da civilização contra a barbárie [*Vorpostendienst der Kultur gegen dia Barbareï*]».[37] Em 2023, a ambição do sionismo permanece substancialmente a mesma, mas Netanyahu é muito mais respeitado e escutado do que Herzl o foi mais de um século atrás. Dirigindo-se às elites aristocráticas que o consideravam um intruso, Herzl reivindicava seu pertencimento ao Ocidente e mendigava a ajuda das potências europeias; quanto a Netanyahu, ele não esconde sua arrogância e sua ingratidão em relação a elas.

Israel violou, por décadas, o direito internacional e agora seu exército está destruindo Gaza com um arsenal fornecido principalmente pelos Estados Unidos, pela Alemanha, pela Itália e pela França.[38] Os Estados Unidos poderiam pôr fim à guerra em poucos dias, mas não querem retirar o seu apoio a um governo corrupto de extrema direita, composto de fundamentalistas, racistas e criminosos de guerra. São incapazes de fazê-lo porque esse governo é parte integrante do seu dispositivo geopolítico e porque sentem em relação aos israelenses uma compaixão «narcisista» que eles não

---

37 Theodor Herzl, *O Estado judeu*. Trad. de David José Pérez. Rio de Janeiro: Garamond, 1998.
38 Os Estados Unidos fornecem anualmente uma ajuda militar para Israel de 3,3 bilhões de dólares (158 bilhões até hoje); Ver Lara Jakes, «For Many Western Allies, Sending Weapons to Israel Gets Dicey», *The New York Times*, 13 abr. 2024; Jean-Philippe Lefief, «Israël: qui sont ses principaux fournisseurs d'armes?», *Le Monde*, 22 mar. 2024.

conseguiriam estender aos árabes. Limitam-se, portanto, a recomendações e apelos à moderação, sem jamais colocar em discussão o seu apoio econômico e militar ao seu aliado. Ao mesmo tempo que se recusam a adotar sanções contra um Estado que já matou centenas de médicos, enfermeiros e trabalhadores humanitários, eles suspenderam imediatamente o seu financiamento à UNRWA, logo após o exército israelense ter divulgado a informação (jamais comprovada) sobre um possível envolvimento de doze de seus agentes (de um total de 13 mil) no ataque de 7 de outubro. Eles não parecem se preocupar com o fato de que esse duplo padrão suscita a indignação da grande maioria do planeta.

III
Razão de Estado

A memória do Holocausto é ritualmente reverenciada, nos países da União Europeia, como uma religião civil da democracia e dos direitos humanos. Hoje, ela tende a perder a sua vocação inicial para ser cada vez mais destinada à defesa de Israel e à luta contra o antissionismo, considerado uma forma de antissemitismo. Angela Merkel e Olaf Scholz afirmaram repetidas vezes que o apoio incondicional a Israel tem a força de uma «razão de Estado» (*Staatsraison*) para a República Federal da Alemanha (RFA). Desde o dia 7 de outubro, o governo do chanceler Scholz, amplamente respaldado pelos meios de comunicação, instaurou no país uma atmosfera de caça às bruxas contra qualquer forma de solidariedade com a Palestina. Muitos jovens alemães se viram numa delegacia de polícia por terem se manifestado com uma bandeira palestina (entre eles, vários cidadãos de origem palestina), a ponto de suscitar protestos por parte de muitas personalidades judias à frente de importantes instituições culturais.[39] Mais uma vez, no entanto, a Alemanha não é senão a expressão paroxística de uma tendência mais ampla. Isso explica por que, sobretudo nos Estados Unidos, muitos judeus levantaram a voz para dizer «não em meu nome».

---

39   Ver Susan Neiman, diretora do Einstein Forum em Potsdam: «Germany on Edge», *The New York Review of Books*, 3 nov. 2023.

A referência de Merkel e Scholz a uma noção tão ambígua como a «razão de Estado» é ao mesmo tempo curiosa e reveladora. É notório que esse conceito remete a uma face oculta e obscura do poder. Habitualmente associado ao pensamento de Maquiavel, ainda que esse sintagma não apareça nos seus escritos, ele se refere à transgressão inconfessa da lei em nome de um imperativo superior de segurança. É invocando a «razão de Estado» que os serviços secretos dos Estados que aboliram a pena de morte planejam a execução de terroristas e outras pessoas que supostamente constituem uma ameaça à ordem pública. De Maquiavel e Friedrich Meinecke, os seus teóricos, até os seus menos nobres executores, tal como Paul Wolfowitz, todos admitem que a razão de Estado se refere a um poder político que viola os seus próprios princípios éticos em nome de um interesse superior, geralmente um interesse de poder — aquele que Maquiavel chamava de as «grandes coisas» (*grandi cose*) —, quando não, muito simplesmente, o interesse pessoal do príncipe. Em síntese, a «razão de Estado» consiste em validar um conjunto de ações ilegais e imorais que constituem uma espécie de face oculta da lei.

O historiador do pensamento político Norberto Bobbio resumiu o conceito de razão de Estado nestes termos:

Por «razão de Estado» entende-se um conjunto de princípios e máximas segundo as quais ações que seriam injustificáveis se realizadas por um único indivíduo são não apenas justificadas, mas por vezes até mesmo exaltadas e glorificadas, se realizadas pelo príncipe ou por quem quer que exerça o poder em nome do Estado.[40]

---

40   Norberto Bobbio, *Teoria geral da política: a filosofia política e as lições dos clássicos*. Org. de Michelangelo Bovero. Trad. de Daniela Beccaccia Versiani. São Paulo: Gen Atlas, 2000.

O fato de que uma mesma ação possa ser considerada reprovável quando se trata de um comportamento individual e louvável se realizada pelo Estado, prossegue Bobbio, revela a distância entre política e moral e abre caminho para o dito «realismo político», que pisoteia a moral para consolidar o poder. Bobbio desenvolve a sua argumentação citando Gabriel Naudé, um apaixonado leitor de Maquiavel. Em um célebre ensaio de 1639, Naudé evoca os benefícios da noite de São Bartolomeu em nome da razão de Estado. A exemplo de tantas «tragédias sangrentas» que a precederam, o massacre dos huguenotes era, aos seus olhos, plenamente justificável. Não havia dúvida sobre a sua «barbárie», mas ela é «uma das mais justas e necessárias».[41] Uma tal apologia do massacre pretende apenas ilustrar a teoria segundo a qual o fim justifica os meios. Os mesmos argumentos foram mobilizados pelos ideólogos do governo Bush após o 11 de setembro de 2001 e a invasão do Iraque. Por trás da «razão de Estado» não existe democracia, existe Guantánamo.

Dessa maneira, quando a RFA invoca a sua própria *Staatsraison* para justificar o seu apoio absoluto a Israel, admite implicitamente o caráter moralmente duvidoso da sua política. Sabemos perfeitamente que Israel está perpetrando crimes, diz basicamente Scholz a Netanyahu, mas esses meios moralmente reprováveis são «justos e necessários» porque consolidam o poder de vocês, um objetivo que compartilhamos incondicionalmente. É em nome dessa razão de Estado, ele parecia acrescentar, que toleramos os crimes de vocês.

Essa posição prejudica incontestavelmente a imagem internacional da Alemanha e coloca novamente em discussão

---

41   Ibid. Ver Gabriel Naudé, *Considérations politiques sur les coups d'État*. Paris: Le Promeneur, 2004 [1639].

alguns dos princípios basilares da democracia liberal, tais como a liberdade de expressão e o debate democrático em um espaço público aberto ao pluralismo das ideias. Assim, as manifestações em solidariedade à Palestina são reprimidas, a bandeira palestina é censurada, muitos militantes são presos e personalidades de renome internacional não são autorizadas a participar de conferências contra a guerra israelense. A censura à filósofa americana Nancy Fraser e o visto negado ao ex-ministro grego das Finanças Yanis Varoufakis e ao cirurgião britânico Ghassan Abu-Sittah, que deveriam participar de colóquios em Colônia e Berlim, provam de maneira espetacular essa censura antidemocrática. Alguns observaram que Gaza é mais um genocídio perpetrado ou aprovado pela Alemanha em pouco mais de um século, após o extermínio dos hererós e dos namas na Namíbia colonial e a aniquilação dos judeus e dos ciganos durante a Segunda Guerra Mundial. Circula neste momento uma piada cruel, impregnada de humor ácido: «A Alemanha não podia perder essa ocasião: quando há um genocídio, ela está sempre do lado do algoz». Em 9 de novembro passado, para marcar uma data fatídica da história alemã, data da queda do império guilhermino, da queda do muro de Berlim, mas também dos pogroms da Noite dos Cristais em 1938, as autoridades berlinenses decidiram projetar, sobre o frontispício do portão de Brandeburgo, uma estrela de Davi com o slogan *Nie wieder ist jetzt!* [Nunca mais é agora!]. Essa estrela de Davi, usada da mesma forma como as suásticas de outrora decoravam os edifícios e monumentos das cidades alemãs na época de Hitler, não podia deixar de surpreender. Esse grotesco pastiche da propaganda nazista, no momento preciso em que Israel desencadeava a sua campanha contra Gaza, lançou uma luz inquietante sobre o inconsciente nacional alemão.

Essa postura de apoio incondicional a Israel apresenta, no entanto, algumas vantagens para a Alemanha. Ela permite sobretudo terceirizar a sua culpa às custas dos palestinos, conferindo-lhes uma imagem de inimigo inflexível do antissemitismo; coloca claramente a política externa de Berlim no campo ocidental; por fim, marca uma virada xenófoba no que diz respeito à política interna, transformando a luta contra o antissemitismo em arma para disciplinar e colocar na linha os imigrantes e as minorias identificadas com o islã. «Que mal há em discriminar os imigrantes e os muçulmanos se for para defender os judeus?», dizem. Há até deputados conservadores que gostariam de fazer com que todos os requerentes de visto de residência alemã assinassem uma declaração de apoio a Israel.[42] Omer Bartov demonstrou que, por sua interpretação do caráter único do Holocausto, a Alemanha se «colocou em uma posição moralmente muito dúbia» que consiste, por um lado, em banalizar os seus próprios crimes coloniais e, por outro, em «negar a culpa de Israel na atual destruição de Gaza, incluindo o fato de assassinar e deixar morrerem de fome dezenas de milhares de civis palestinos».[43]

Hoje, o apoio incondicional que a Alemanha dedica a Israel está ofuscando a cultura, a pedagogia e a memória democráticas construídas em algumas décadas, particularmente após a *Historikerstreit* e a reunificação. Essa política joga uma sombra sinistra sobre o Memorial do Holocausto que jaz no coração de Berlim: longe de materializar uma

---

42   Ver Pankaj Mishra, «Memory Failure», *London Review of Books*, vol. 46, n. 1, 4 jan. 2024. Ver sobre esse tema Esra Özyürek, *Subcontractors of Guilt: Holocaust, Memory and Muslim Belonging in Postwar Germany*, Redwood City: Stanford University Press, 2023.
43   Bartov, «Weaponizing Language: Misuses...», op. cit.

consciência histórica atormentada e as virtudes da lembrança, esse monumento aparece agora como um símbolo gritante de hipocrisia nacional.

IV
Notícias falsas sobre a guerra

Em 1921, o historiador Marc Bloch escreveu um texto interessante sobre a propagação de notícias falsas em tempos de guerra. Ele observava como, no início da Primeira Guerra Mundial, logo após a invasão da Bélgica, os jornais alemães começaram a espalhar comunicados — cada vez mais numerosos — sobre inacreditáveis atrocidades perpetradas pelos «belgas de ambos os sexos», que teriam agido «como bestas ávidas por sangue». As notícias falsas eram obviamente inventadas, mas, no clima criado pela guerra, apareceram imediatamente como verdades indiscutíveis. Bloch escreve: «O engano se propaga, se amplia, vive, enfim, graças a uma única condição: encontrar na sociedade na qual se dissemina um caldo de cultura favorável. Nele, inconscientemente, os homens expressam os seus preconceitos, os seus ódios, os seus medos, todas as suas fortes emoções».[44] Esses rumores, lendas, mitos e mentiras emanam sempre de representações coletivas preexistentes. A notícia falsa, escreve Bloch, «é o espelho no qual 'a consciência coletiva' contempla as suas próprias feições».[45] Os mitos são performativos, acrescentava ele:

---
44   Marc Bloch, «Réflexions d'un historien sur le fausses nouvelles de la guerre» (1921), *L'Histoire, la Guerre, la Résistance*. Paris: Gallimard, coleção «Quarto», 2006, pp. 298-9.
45   Ibid., p. 313.

No momento em que o engano havia feito correr sangue, [a falsa notícia] já estava definitivamente estabelecida. Homens animados por uma cólera cega e brutal, mas sincera, haviam incendiado e fuzilado; importava-lhes agora preservar uma fé absolutamente firme na existência de «atrocidades», que eram as únicas capazes de dar à sua fúria uma aparência justa.

Nas semanas que se sucederam ao ataque de 7 de outubro, a imprensa ocidental publicou textos que ressuscitavam os mais antigos mitos antissemitas, mas voltados contra os palestinos. Bloch tinha razão quando salientava que as notícias falsas e as lendas sempre «preencheram a vida da humanidade». Muitos historiadores da Inquisição e do antissemitismo estudaram a mitologia do «assassinato ritual» desde a Idade Média até a Rússia tzarista, demonstrando, entre outras coisas, que o rumor segundo o qual os judeus matavam crianças cristãs para usar o sangue delas com fins ritualísticos era regularmente difundido antes da deflagração de um pogrom. De maneira análoga, depois do 7 de outubro, a maior parte da imprensa ocidental, inclusive muitos jornais considerados sérios, publicou informações falsas sobre mulheres grávidas estripadas, dezenas de crianças decapitadas e bebês jogados nos fornos pelos combatentes do Hamas. Os jornalistas das redes de televisão anunciavam com um ar grave e indignado que possuíam terríveis imagens de atrocidades que não difundiriam para não causar perturbação aos telespectadores. Essas invenções difundidas pelo exército israelense foram imediatamente acolhidas como provas — Joe Biden, Antony Blinken e ministros de governos europeus as repetiram em seus discursos — para serem desmentidas, sem muita convicção, algumas semanas depois.[46]

---

46 Um dos casos mais flagrantes de desinformação envolveu o *New York Times*, que escolheu como enviada especial para cobrir a guerra em

Para desmistificar essas horríveis fantasias e revelar a sua fonte, era preciso consultar a Al Jazeera ou sites de contrainformação. A retratação dessas mentiras foi particularmente discreta na grande mídia; era preciso não incomodar a narrativa dominante da barbárie do Hamas, do ódio antissemita e da vitimização de Israel.

Certos desmentidos são mais discretos que outros. Alguns anos atrás, os estudos judaicos foram abalados por uma controvérsia de forte impacto midiático. No centro das polêmicas, havia uma obra «acadêmica» intitulada *Páscoa de sangue* (2007), dedicada ao mito antissemita do assassinato ritual.[47] O seu autor, Ariel Toaff, é historiador da Universidade Bar-Ilan e filho do antigo grão-rabino de Roma. Imprudente e pouco rigoroso no tratamento das fontes, Toaff havia chegado à conclusão de que os processos da Inquisição nem sempre eram enganadores: entre os séculos XII e XVI, na região de Trento, os asquenazitas, afirma ele, teriam cometido repetidas vezes crimes rituais, movidos pelo ódio aos cristãos a violar os interditos bíblicos. Saudada com entusiasmo por alguns historiadores católicos conservadores, essa obra provocou uma avalanche de críticas que rejeitaram as suas conclusões após terem desmontado a pesquisa e o dispositivo argumentativo. Toaff foi censurado pela Knesset e repudiado pelo pai. Desculpou-se antes de recolher do comércio o livro (que, a

---

Gaza Anat Schwartz, ex-agente dos serviços de inteligência da aviação israelense. Suas «investigações», baseadas essencialmente nos comunicados do exército, foram objeto de vários desmentidos. Ver Ben Burgis, «The *New York Times* has an Ugly anti-Palestinian Bias», *Jacobin*, 29 fev. 2024.

[47] Para uma reconstituição crítica desse debate, ver Sabina Loriga, «Une vieille affaire? Les *Pâques de sang* d'Ariel Toaff», *Annales. Histoire, Sciences Sociales*, vol. 63, n. 1, 2008, pp. 143-72. Ver Ariel Toaff, *Pasque di sangue. Ebrei d'Europa e omicidi rituali*. Bolonha: Il Mulino, 2008.

essa altura, já estava esgotado) e o republicou um ano depois com um posfácio que matizava as suas palavras. Essa história provocou um debate que causou furor na imprensa italiana, muito além do ambiente da historiografia, com ecos em diversos países. Ainda assim, é curioso que os grandes jornais, tão preocupados em acolher artigos que buscavam desmentir a falsa notícia de um crime ritual perpetrado em Trento em 1457, tenham se mostrado tão discretos, para não dizer negligentes, quando se tratava de desmentir as falsas notícias que eles haviam difundido amplamente alguns dias antes a respeito dos bebês judeus jogados em fornos por islâmicos.

V
Antissionismo e antissemitismo

A imprensa e, sobretudo, os canais de informação estão sempre a nos alertar: o antissemitismo está aumentando em todos os lugares. Eles não relatam episódios isolados, ao denunciar um antigo preconceito que, nas circunstâncias da crise do Oriente Médio, estaria tentando ressurgir. Não, eles descrevem uma gigantesca onda antissemita que, desde 7 de outubro, estaria varrendo o mundo inteiro. Os campi universitários americanos seriam o epicentro disso, exatamente como sessenta anos atrás estiveram no coração do movimento contra a Guerra do Vietnã. O *New York Times* publicou uma série de testemunhos e reportagens com o objetivo de destacar essa analogia. A comparação não está errada, pois os Estados Unidos não tinham visto mobilizações em escala semelhante desde a Guerra do Vietnã. Os estudantes estão cientes disso. Na década de 1960, havia um exército americano operando no sudeste da Ásia; hoje, Israel está destruindo Gaza com armas fornecidas pelos Estados Unidos. A exemplo dos seus antepassados, os estudantes de hoje entenderam que sua ação é crucial para deter o massacre, que suas manifestações não são meros gestos de solidariedade, mas um levante organicamente ligado à resistência palestina. Em ambos os casos, esses movimentos foram violentamente desacreditados e até reprimidos. Na época da Guerra do Vietnã, os estudantes que ocupavam os campi e queimavam a bandeira americana eram pintados como inimigos do mundo livre, comunistas e totalitários. Hoje, eles são considerados terríveis antissemitas.

A acusação é tão grave quanto mentirosa. Quando participo das manifestações pró-Palestina no campus da Universidade de Cornell, vejo muitos estudantes judeus, frequentemente com faixas assinadas por suas associações. Nas concentrações, estudantes e professores judeus — às vezes até mesmo estudantes israelenses — expressam sua raiva contra o massacre perpetrado em Gaza. Unidos em torno de uma demanda por justiça e igualdade, judeus e palestinos demonstram seus sentimentos fraternos. Quando chego em casa e ligo a televisão, não preciso me esforçar muito para me deparar, passando entre as principais redes americanas ou europeias, com um programa de entrevistas dedicado ao antissemitismo do movimento antiguerra. Mike Johnson, presidente da Câmara dos Deputados dos Estados Unidos, está em todos os canais. Cercado por policiais e por pessoas que ostentam bandeiras israelenses, visivelmente velhos demais para serem estudantes, vemos Johnson denunciar o antissemitismo na beira do acampamento pró-palestino da Universidade de Columbia, em Nova York. Pouco depois, eu o vejo novamente em uma coletiva de imprensa e, depois ainda, em uma cerimônia no Holocaust Memorial Museum. Ora, esse senhor, membro do Partido Republicano e fervoroso partidário de Donald Trump, não se cansa de repetir há três anos e meio que Joe Biden roubou as eleições. Deveríamos nós considerar os estudantes que se manifestam pela Palestina como terríveis antissemitas e tomar os invasores do Capitólio em janeiro de 2021 como verdadeiros defensores da democracia? Tenho a impressão de que os jornalistas, enviados especiais e repórteres que, tendo estado nos campi americanos, às vezes com equipes inteiras de fotógrafos e câmeras, nos falam sobre o antissemitismo dos estudantes americanos, estão mentindo e desonrando sua profissão.

A realidade é que o antissemitismo se tornou uma arma de combate (foi *weaponized*, como se diz nos Estados Unidos). Não o antissemitismo do passado, que era dirigido contra os judeus, mas um novo antissemitismo imaginário que serve para criminalizar a crítica a Israel. O movimento antiguerra é bastante amplo e diversificado, tanto nos Estados Unidos quanto na Europa. Dentro dessa vasta constelação, três sensibilidades principais se destacam muito claramente. A primeira é a dos jovens de origem pós-colonial, nascidos na Europa ou nas Américas em famílias oriundas da África ou da Ásia. Para esses jovens, a causa palestina é uma nova etapa da luta contra o colonialismo. Há também afro-americanos, que associam a libertação da Palestina a um combate global contra o racismo e as desigualdades. Assim como as vidas negras, as vidas palestinas «contam» (*Black Lives Matter*); Israel instaurou um sistema de apartheid para os palestinos comparável ao que antes existia na África do Sul. Por fim, há os jovens que estão reavivando uma tradição universalista e internacionalista especificamente judaica, uma tradição que sempre se manifestou à margem do sionismo, se não contra ele. Muitos deles são «judeus não judeus», no sentido de Isaac Deutscher: «hereges» que participam de uma tradição judaica transcendendo o judaísmo.[48] Outros são «dreyfusianos», no sentido de Pierre Vidal-Naquet, judeus que não toleram discriminação, opressão e assassinato em seu nome, como os franceses que apoiaram a causa argelina em nome de um

---

48   Isaac Deutscher, *O judeu não judeu e outros ensaios*. Trad. de Moniz Bandeira. Rio de Janeiro: Civilização Brasileira, 1970.

certo ideal republicano de igualdade e justiça.[49] No século xx, essa tradição havia colocado os judeus na vanguarda de todos os movimentos emancipatórios. Visivelmente, ela permanece muito viva, e é preciso se alegrar com isso. A campanha midiática que denuncia o suposto antissemitismo dos estudantes que se mobilizam em favor da Palestina é um ataque direto a essas três correntes. A equiparação do antissionismo com o antissemitismo faz com que se matem três coelhos com uma cajadada só, atingindo o anticolonialismo, o antirracismo e o anticonformismo judaico.

O vínculo entre antissionismo e antissemitismo sempre foi ambíguo. De um lado, um movimento nacionalista judaico não podia senão encontrar a hostilidade dos nacionalismos europeus, que viam no antissemitismo um de seus elementos constitutivos. Do outro, o sionismo tentou desde o início usar o antissemitismo para alcançar os próprios fins. Os antissemitas queriam expulsar os judeus, ao passo que os sionistas tentavam convencê-los a emigrar para a Palestina; os antissemitas e os sionistas podiam, assim, entrar em acordo. O caso mais clamoroso dessa convergência entre inimigos declarados foi o acordo Haavara («transferência», em hebraico), assinado em 1933 entre o regime nazista, um banco britânico e a federação sionista alemã, que favorecia a emigração de judeus para a Palestina e buscava fixar os seus termos e condições (taxações, expropriações etc.).[50] O acordo

---

49   Pierre Vidal-Naquet, *Mémoires*, tomo 2, *Le trouble et la lumière: 1955-1998*. Paris: Seuil/La Découverte, 1998, p. 159.
50   Para uma síntese do debate historiográfico acerca do acordo Haavara, ver Hava Eshkoli-Wagman, «Yshuv Zionism: Its Attitude to Nazism and the Third Reich Reconsidered», *Modern Judaism*, vol. 19, n. 1, 1999, pp. 21-40.

fracassou nos anos seguintes: de um lado, os nazistas queriam se livrar dos judeus, mas não queriam um Estado judaico; de outro, não é difícil imaginar que um pacto desse gênero era malvisto por aqueles que condenavam o antissemitismo e promoviam o boicote econômico do Terceiro Reich.

Não há nenhuma dúvida de que, sobretudo à direita, muitos antissionistas eram antissemitas. Além disso, após o nascimento de Israel, o mundo árabe importou da Europa diversos estereótipos antissemitas que se disseminaram amplamente justo quando enfrentavam um forte retrocesso em seus lugares de origem. Mas é igualmente incontestável que o sionismo foi sempre criticado, e frequentemente rejeitado com veemência, por uma parcela muito grande do mundo judaico. A lista dos intelectuais judeus antissionistas preencheria muitos volumes. O sionismo foi um entre os tantos produtos do processo de secularização e modernização que transformou o mundo judaico na Europa a partir do século XIX, mas permaneceu bastante minoritário por muito tempo. Hoje a situação mudou, porque Israel é um Estado e, num mundo laico, a memória da Shoah e a existência de Israel balizam a paisagem na qual se define a identidade judaica diaspórica.[51] Mas a situação mudou também e sobretudo porque a direita conservadora e até mesmo a extrema direita se tornaram ardentes defensoras do sionismo, considerando que os emigrantes árabes e muçulmanos são bodes expiatórios muito melhores do que os judeus. Os antissemitas de ontem estão hoje na vanguarda da luta contra o antissionismo, denunciado como uma forma de antissemitismo. O caso italiano é bastante emblemático: atacando o antissionismo, os

---

51 Ver Daniel Lindenberg, *Figures d'Israël*. Paris: Fayard, coleção «Forum», 2014 [1997].

«pós-fascistas», herdeiros assumidos das leis racistas de 1938 e atualmente no poder, podem de uma só vez externar o seu apoio a Israel e o seu pertencimento ao campo ocidental, estigmatizar a esquerda e conduzir políticas xenófobas contra os migrantes.

Hoje, uma insistente campanha midiática retrata os estudantes pró-palestinos como antissemitas. Em algumas universidades americanas, eles foram incluídos em listas sujas ou ameaçados de sanções por sua participação nas manifestações contra o genocídio em Gaza. O princípio sagrado da liberdade de expressão (*free speech*) de repente parece ser intolerável quando incomoda os poderosos financiadores das grandes universidades, que, assim, revelam ser *corporations* antes de serem espaços de liberdade. A associação antissionista Jewish Voice for Peace [Voz Judaica pela Paz] foi banida em diversos campi americanos. Na Itália, manifestações em defesa da Palestina foram brutalmente reprimidas (tanto que o presidente Sergio Mattarella teve que intervir para recordar o direito de manifestar-se, tomando distância do governo de Giorgia Meloni). Na França, a municipalidade de Paris cancelou um encontro promovido por diferentes associações antirracistas, entre as quais Tsedek!, um movimento judaico antissionista, na qual havia sido anunciada a presença da filósofa judia americana Judith Butler. Os responsáveis pela política cultural da cidade explicaram — presume-se que abaixando os olhos e enrubescendo de vergonha — que queriam, dessa forma, evitar serem cúmplices de uma iniciativa antissemita. Gabriel Attal, o chefe do governo, foi ao Institut d'Études Politiques de Paris — sem ter sido convidado e violando de maneira flagrante a autonomia das universidades — para anunciar sanções contra militantes pró-palestinos, após uma estudante sionista ter sido expulsa de um anfiteatro onde ela estava fotografando os organizadores para denunciá-los nas redes. Ainda que os estudantes judeus, incluindo algumas associações judaicas, sejam ativos e muito visíveis nas concentrações e nas manifestações contra o genocídio em Gaza, disseminou-se imediatamente uma falsa notícia, amplamente repercutida pela mídia, segundo a qual alguns estudantes seriam impedidos de acessar os campi «por serem judeus». Em Nova York, começaram a circular pelos arredores da Universidade Columbia furgões ostentando fotos de estudantes pró-palestinos com os seus respectivos nomes e o estigma «antissemita», uma triste paródia da Alemanha nazista de 1935, na época das leis de Nuremberg, quando se exibiam os judeus pelas ruas com um cartaz no pescoço no qual se podia ler: *Jude*.

«Acreditamos facilmente naquilo que precisamos acreditar»,[52] observava Bloch no seu artigo. Muitos exemplos comprovam isso. Após a Segunda Guerra Mundial, membros comunistas da resistência que haviam sido deportados para os campos nazistas negavam a existência dos gulags. Na França, alguns deles testemunharam perante um tribunal para defender a revista *Les Lettres nouvelles*, que propagava a mentira de que os gulags eram uma fantasia anticomunista.[53] A sua mitologia se desdobrava como um silogismo tão simples quanto poderoso: a URSS é um país socialista, o socialismo é a liberdade, e, consequentemente, não é possível que

---

52 Bloch, «Réflexions d'un historien sur les fausses nouvelles de guerre», op. cit., p. 309.
53 Para uma reconstituição sintética desse processo, ver Tzvetan Todorov, «Les procès de David Rousset et sa signfication», *Histoire et liberté*, n. 43, 2010, pp. 63-9.

existam campos de concentração na URSS. Quem afirma isso é um mentiroso; o gulag não passa de uma invenção americana. Uma negação parecida está hoje disseminada entre muitas pessoas convencidas de que Israel, um país nascido das cinzas da Shoah, não poderia perpetrar um genocídio. Para elas, os relatores da ONU que afirmam isso são mentirosos, manipulados por uma perniciosa propaganda antissemita. Israel é uma verdadeira democracia, e a ocupação dos territórios palestinos uma medida necessária contra uma ameaça existencial, ou então a consequência de um desvario, de um excesso — a já evocada síndrome de Nolte — em um país em perigo. A fé implica muitas vezes a negação da realidade.

O orientalismo é o terreno fértil para os mitos, as mentiras e as falsas notícias que circundam essa guerra. Invertendo a realidade, impôs-se uma narrativa paradoxal que faz de Israel a vítima, e não o opressor: o antissionismo é apenas uma forma de antissemitismo; o anticolonialismo finalmente revelou a sua matriz antiocidental, fundamentalista e antissemita. Os conspiradores «judaico-bolcheviques» de outrora se transformaram nos «esquerdistas pró-islâmicos» de hoje. Ao longo dos últimos meses, essa mitologia se difundiu como as falsas notícias sobre a guerra em 1914.

Uma inversão da realidade dessa magnitude tem necessariamente consequências muito graves que é preciso questionar. Combater o antissemitismo se tornará cada vez mais difícil depois de seu significado ter sido tão ostensivamente desfigurado e distorcido. O risco da banalização é real: se, em nome da luta contra o antissemitismo, é possível conduzir uma guerra genocida, muitas pessoas honestas começarão a pensar que seria melhor abandonar uma causa tão duvidosa. Ninguém poderá mencionar o Holocausto sem suscitar suspeita e incredulidade; muitos chegarão a acreditar que se trata de um mito inventado para defender os interesses de Israel e dos seus aliados. A memória da Shoah como «religião civil» — a sacralização ritualizada dos direitos humanos pela lembrança das vítimas[54] — perderá todas as suas virtudes pedagógicas.

No passado, essa «religião civil» serviu como paradigma memorial para outros genocídios e crimes contra a humanidade, desde as ditaduras militares na América Latina até o Holodomor na Ucrânia, a Bósnia e o genocídio dos tutsis em Ruanda. Se essa memória sacralizada e institucionalizada não servir para outra coisa que não seja apoiar Israel e perseguir os defensores da causa palestina sob o pretexto de antissemitismo, as nossas referências morais, epistemológicas e políticas serão turvadas, o que terá consequências devastadoras. Alguns pressupostos que constituem a nossa consciência moral e política — a distinção entre o bem e o mal, o opressor e o oprimido, o executor e a vítima — serão colocados em risco. A nossa concepção de democracia, que não se reduz a um dispositivo jurídico, mas se funda também em uma cultura, uma memória e um legado histórico, sairia enfraquecida. O antissemitismo, que todas as análises sérias demonstram estar historicamente em declínio,[55] viverá

---

54 Ver Enzo Traverso, «Memoria: la religione civile dell'Olocausto», in *La fine della modernità ebraica. Dalla critica al potere*. Milão: Feltrinelli, 2013, cap. 7, pp. 149-65.

55 Segundo Nonna Mayer, que elabora anualmente um balanço sobre o racismo e o antissemitismo para a Comissão Nacional Consultiva dos Direitos Humanos, «desde 1990, esse levantamento nos mostra que a tolerância em relação a todas as minorias está aumentando, ainda que perdure uma hierarquia entre elas, indo desde os ciganos roms, o grupo mais rejeitado, até os negros e os judeus, os grupos mais bem-aceitos». Ver Julie Carriat e Mariama Darame, «Nonna Mayer: 'Les stéréotypes antisémites

um ressurgimento espetacular. Eis por que, não obstante a boa-fé de muitos de seus participantes, a manifestação parisiense contra o antissemitismo de 12 de novembro de 2023 — convocada por todos os partidos que apoiam o massacre de Gaza, com a adesão da extrema direita — tinha não apenas algo de obsceno, mas também um impacto político profundamente regressivo.

---

gardent un certain impact dans une petite partie de la gauche'», *Le Monde*, 10 nov. 2023. Isso se aplica ao conjunto dos países europeus e americanos.

VI
Violência, terrorismo, resistência

Benny Morris, historiador «revisionista» israelense que documentou amplamente a expulsão dos palestinos durante a guerra de 1948 ao mesmo tempo que lamentava que a limpeza étnica não havia sido concluída, descreveu os massacres perpetrados nas aldeias palestinas pelo Irgun (Irgun Zvai Leumi, IZL, ou Organização Militar Nacional), milícia sionista de extrema direita comandada por Menachem Begin. O mais conhecido desses massacres aconteceu em 9 de abril em Deir Yassin, não muito distante de Jerusalém, e deixou mais de duzentos mortos. Ele ficou gravado na memória não pela sua importância do ponto de vista militar, mas sim, explica Morris, por causa «das atrocidades cometidas pelas tropas do IZL e dos LHI [Lohamei Herut Israel, ou Combatentes para a Liberdade de Israel, unidades militares do Irgun e do grupo Stern]». Os eventos se deram da seguinte maneira:

famílias inteiras foram crivadas de balas e estilhaços de granadas e ficaram soterradas nos escombros das casas explodidas; homens, mulheres e crianças foram alvejados enquanto fugiam de casa; indivíduos foram afastados e mortos. Ao final da batalha, grupos de idosos, mulheres e crianças foram transportados em caminhões pelas ruas de Jerusalém Ocidental em uma espécie de «triunfo da vitória», antes de serem «descartados» em Jerusalém Oriental (árabe).[56]

---

56 Benny Morris, *Righteous Victims: A History of the Zionist-Arab Conflict, 1881-1999*. Nova York: Vintage, 2001, p. 208.

Alguns viram nas atrocidades de 7 de outubro «o pior pogrom da história depois da Shoah»; outros, o produto de uma longa sequência de violências israelenses. Naturalmente, isso não as justifica: décadas de ocupação não atenuam em nada o horror do massacre de crianças israelenses e, da mesma maneira, a história do antissemitismo não pode ser invocada para avalizar um genocídio em Gaza. Essas violências, entretanto, nasceram em um contexto explosivo. Perpetrar uma carnificina durante uma festa *rave* constitui, sem dúvida alguma, um crime abominável que deve ser punido, mas uma festa *rave* protegida por um muro eletrificado ao lado de uma prisão a céu aberto não é algo tão inócuo como um concerto numa sala parisiense. Nos anos 1980, na Berlim dividida, organizavam-se concertos de rock perto do muro para que, do outro lado, as pessoas pudessem escutar. A mensagem era simples: gostaríamos de estar com vocês, e esse concerto é um protesto contra esse muro que nos separa. Mas a festa *rave* em Negev acontecia na mais total indiferença em relação àquilo que se passava para além do muro eletrificado. Gaza não existia. Mais cedo ou mais tarde, a panela de pressão iria explodir.

O ataque de 7 de outubro é uma atrocidade. Cuidadosamente planejado, foi bem mais letal do que o massacre de Deir Yassin ou de outras matanças similares cometidas pelo Irgun em 1948. O seu objetivo era espalhar o terror e, evidentemente, nada o justifica, mas ele deve ser analisado, e não apenas lamentado. O debate a respeito da relação entre os fins e os meios é antigo.[57] A dialética que os une faz com que

---

57 Um de seus momentos mais significativos foi, em 1938, a correspondência entre o escritor libertário Victor Serge, o marxista Leon Trótski e o filósofo liberal John Dewey, reunida em *Leur morale et la nôtre*. Paris: La

não se admitam quaisquer meios para atingir um objetivo; ao contrário, cada fim exige meios adequados: a liberdade não pode ser conquistada assassinando-se deliberadamente pessoas inocentes. No caso, esses meios inadequados e condenáveis foram utilizados no âmbito de uma luta legítima contra uma ocupação ilegal, desumana e inaceitável. Como salientou o secretário-geral da ONU António Guterres, o 7 de outubro não surgiu do nada. Ele é uma consequência extrema de décadas de ocupação, colonização, opressão e humilhação. Todas as formas de protesto pacífico foram reprimidas com sangue, os acordos de Oslo foram sabotados por Israel desde o início, e a Autoridade Palestina, totalmente impotente, tornou-se na Cisjordânia uma espécie de polícia auxiliar do Tzahal.

Em outubro de 2023, Israel estava «negociando a paz» com os seus vizinhos árabes nas costas dos palestinos e perseguia o objetivo, hoje reconhecido abertamente, de expandir os assentamentos na Cisjordânia. De repente, o Hamas embaralhou as cartas, impondo-se como protagonista do conflito. O seu ataque revelou a vulnerabilidade de Israel, atingido com extrema violência dentro de suas próprias fronteiras. Após o ataque do Hamas, os palestinos se revelaram capazes de passar para a ofensiva, e não apenas submeter-se.[58] Pode-se lamentar quando se olha o desenrolar dos acontecimentos a partir da Europa ou dos Estados

---

Découverte, coleção «Les Empêcheurs de penser en rond», 2014. Resumi os temas dessa controvérsia em *A ferro e fuoco. La guerra civile europea 1914-1945*. Bolonha: Il Mulino, 2007, pp. 198-204.
58   Uma das análises mais lúcidas do ataque de 7 de outubro e das motivações do Hamas foi proposta, poucos dias depois, por Adam Shatz, «Vengeful Pathologies», *London Review of Books*, vol. 45, n. 21, 2 nov. 2023.

Unidos, mas uma parte da opinião palestina não escondeu a própria satisfação com o massacre de 7 de outubro. Dessa vez, o terror, a impotência, o medo e a humilhação mudaram de lado. A *Schadenfreude* também é um sentimento humano, assim como o tímido sorriso que se esboçava no rosto dos deportados em Auschwitz quando recebiam notícias dos bombardeios em cidades alemãs.

A violência palestina tem a força do desespero. Ela surge de uma «comunidade de dores e rancores», como a define Jean-Pierre Filiu,[59] forjada por décadas de uma ocupação impiedosa que transformou a Faixa de Gaza em uma «prisão a céu aberto». Não se trata certamente de idealizá-la, mas é preciso compreender as suas raízes. O Hamas é popular em meio a grande parte dos palestinos, isso é um fato. É popular sobretudo com os jovens da Cisjordânia, entre os quais não pode assentar a sua influência por meios coercitivos. É popular porque luta contra a ocupação. Nascido em 1987, na esteira da Primeira Intifada, como emanação política e militar da Irmandade Muçulmana, o mais importante dos movimentos islâmicos conservadores do Oriente Médio, o Hamas se fortaleceu após o naufrágio dos Acordos de Oslo. Em 2000, a Segunda Intifada o revigorou. Em 2006, venceu as eleições em Gaza, destituindo uma Autoridade Palestina amplamente desacreditada. Ele condenou o Holocausto e o antissemitismo, declarando que sua luta não é dirigida contra os judeus, mas contra o Estado sionista.[60] Em 2017, o seu novo estatuto abandonou o plano de destruição de Israel e adotou a ideia de um Estado palestino dentro das fronteiras

---

[59] Jean-Pierre Filiu, *Histoire de Gaza*. Paris: Fayard, 2012, p. 159.
[60] Bassem Naeem, «Hamas Condemns the Holocaust», *The Guardian*, 12 maio 2008.

de 1967, ou seja, a Cisjordânia, Gaza e Jerusalém Oriental.[61] A resposta israelense foi o massacre de março de 2018 mencionado acima. Enquanto o Hamas desenvolvia uma estratégia política capaz de substituir uma opção militar estéril, Israel fechava as portas para qualquer diálogo, Netanyahu declarava sua oposição a um Estado palestino, seus governos expandiam os assentamentos na Cisjordânia, transferiam a capital para Jerusalém e «congelavam» Gaza. O dia 7 de outubro foi um inevitável contragolpe.

Todos os líderes do Hamas, muitos dos quais nascidos em campos de refugiados, estiveram em prisões israelenses, às vezes por longos anos; todos sofreram tentativas de assassinato, e em sua maioria acabaram sendo mortos, especialmente os que viviam em Gaza, por ocasião de bombardeios direcionados nos quais pereceram com esposa e filhos. Ismaïl Haniyeh, chefe do escritório político em exílio no Catar, perdeu sessenta membros de sua família, sendo que vários de seus filhos e netos foram mortos por drones. Eis o pano de fundo do extremismo do Hamas. É preciso criticar o fundamentalismo, o autoritarismo, a natureza antidemocrática, misógina e reacionária desse movimento? Sem dúvida alguma. Em uma sociedade livre, o Hamas certamente seria o principal inimigo da esquerda. Nas circunstâncias atuais, ele oferece resistência militar ao genocídio em curso. Hoje, conta com a indulgência dos palestinos que sofriam com sua ditadura. Não se atira nos líderes que defendem a cidade sitiada. Durante a Segunda Guerra Mundial, nos ensina a historiadora Anne Applebaum, muitos *zeks*, os deportados dos gulags soviéticos, pediam para serem convocados para o

---

61   Ver Pierre Prier, «Qu'est-ce que le Hamas?», *Orient XXI*, 13 dez. 2021.

Exército Vermelho. Os prisioneiros, observa ela, foram «tomados por sentimentos patrióticos». De acordo com inúmeros testemunhos, «a pior coisa que tinham que suportar, mantidos em um campo de concentração, era não poderem ir para ao front para combater».[62] Um grande número de intelectuais ocidentais declarava sua admiração por Stálin, e mesmo as mentes lúcidas que denunciavam seus traços totalitários não duvidavam da necessidade de apoiar a URSS na luta contra a invasão alemã.[63] Novamente, os contextos históricos são muito diferentes, mas a simpatia de que o Hamas desfruta entre os palestinos e dentro do mundo árabe tem as mesmas raízes.

O ataque de 7 de outubro, que matou centenas de civis israelenses, pode obviamente ser qualificado como ato terrorista. Não havia necessidade de matar e ferir civis, e, além disso, atos assim sempre foram deletérios para a causa palestina. É um crime que nada pode justificar e que deve ser condenado. A necessária condenação desses meios de ação não coloca, porém, em discussão a legitimidade — reconhecida pelo direito internacional — da resistência à ocupação, uma resistência que implica também o recurso às armas. O terrorismo foi frequentemente preconizado e praticado pelos movimentos de libertação nacional, e os milicianos do Hamas cabem perfeitamente na definição clássica de «*partisan*»: um

---

62   Anne Applebaum, *Gulag. A History*. Nova York: Anchor, 2004, pp. 448-9 [ed. bras.: *Gulag: uma história dos campos de prisioneiros soviéticos*. Trad. de Maria Vilela e Ibraima Dafonte. Rio de Janeiro: Ediouro, 2004].
63   A imagem da cidade sitiada é usada por Upton Sinclair, um escritor americano que apoiou o stalinismo durante os anos 1930, em seu debate com Eugene Lyons, *Terror in Russia? Two Views*. Nova York: Rand School Press, 1938, p. 57. Sobre os intelectuais antifascistas e o stalinismo, ver Traverso, *A ferro e fuoco*, op. cit., cap. 8.

combatente irregular dotado de uma forte motivação ideológica, radicado em um território e atuando em meio a uma população que o protege. Os combatentes do Hamas, que se deslocam com velocidade e desenvoltura por um labirinto de passagens subterrâneas, possuem um caráter «telúrico» que os torna, se não invulneráveis, ao menos bastante difíceis de erradicar.[64] É por isso que o exército israelense mata a todos com base nos algoritmos da IA e faz prisioneiros, entre eles muitos adolescentes, que ficam arbitrariamente encarcerados por meses, até mesmo anos. O Hamas, que não é um Estado, pode somente fazer reféns e lançar foguetes. O terrorismo do Hamas é apenas o duplo dialético do terrorismo de Estado israelense. O terrorismo nunca é belo ou aprazível, mas o dos oprimidos é gerado por aquele de seus opressores. Os terroristas que matam crianças em um kibutz são execráveis; os atiradores de elite que matam crianças numa rua ou explodem um comboio humanitário o são igualmente; ambos devem ser condenados. Mas nem por isso podemos equiparar a violência de um movimento de libertação nacional com a de um exército de ocupação, porque a sua legitimidade não é a mesma. Os crimes do primeiro estão no uso de meios ilegítimos; os do segundo estão em sua própria finalidade, da qual derivam.

O conceito de terrorismo é controverso e difícil de definir. A única diferença normativa que distingue os combatentes de um grupo ou organização terrorista dos soldados de um exército regular é de ordem jurídica: os primeiros não possuem o status legal que confere o pertencimento a um Estado. Essa diferença se manifesta muitas vezes na

---

[64] Ver Carl Schmitt, *O conceito do político / Teoria do partisan*. Trad. de Geraldo de Carvalho. Belo Horizonte: Del Rey, 2009, p. 168.

indumentária. As ideologias, os valores, a moral e os métodos de ação podem variar consideravelmente, tanto entre os movimentos terroristas quanto entre os exércitos, mas estes últimos dispõem geralmente de meios de destruição muito mais potentes.[65] A suposta superioridade ética dos exércitos sobre os grupos terroristas foi refutada repetidas vezes pela história. Trata-se de considerações bastante óbvias que merecem ser relembradas numa época — iniciada em 11 de setembro de 2001 — em que a luta contra o terrorismo é uma espécie de imperativo categórico que a exime de qualquer argumentação ou interpretação crítica.

Em um capítulo célebre de *Os condenados da terra* (1961), Frantz Fanon destaca o caráter libertador da violência exercida pelos dominados: «O homem colonizado se liberta na e pela violência».[66] Em seu prefácio à edição francesa, Jean-Paul Sartre vai mais além, aprovando sem reservas a violência anticolonial. O 7 de outubro marca o retorno espetacular da violência palestina após o fracasso dos acordos de paz de Oslo. Isso certamente não significa que essa intervenção será eficaz ou inevitável, mas seria difícil negar que seja uma consequência desse fracasso, desse naufrágio desejado por Netanyahu e conscientemente perpetuado por todos os governos israelenses há trinta anos. Seria estúpido alegrar-se com esse retorno da violência, mas o alcance dessa guinada histórica não pode ser subestimado. Explicá-la pelo fanatismo islâmico, pela barbárie do Hamas ou pelo

---

[65] Sobre esses temas, ver Nicolas Tavaglione, «Les habits de la mort. Sur la différence morale entre terrorisme et guerre légale», *Raisons politiques*, n. 41, 2001, pp. 141-69.

[66] Frantz Fanon, *Os condenados da terra*. Trad. de Ligia Fonseca Ferreira e Regina Salgado Campos. Juiz de Fora: Editora UFJF, 2002, p. 60.

antissemitismo atávico seria uma triste tergiversação, uma maneira de se esconder atrás dos preconceitos. Na terrível competição entre a violência israelense e a dos palestinos, é incontestavelmente a primeira que ganha. Mas o Vietnã e, mais recentemente, o Afeganistão nos ensinaram que, numa guerra, as relações de força não se medem apenas em termos militares e que a resistência armada pode deixar de joelhos um adversário muito mais potente quando o seu domínio se tornou tão ilegítimo a ponto de se revelar oneroso, ineficaz e contraproducente. Os líderes israelenses e os seus aliados não parecem ter entendido a lição.

Em *Além do crime e castigo: tentativas de superação*, Jean Améry escreve que, nos campos nazistas, «a violência era o único meio de reconstituir uma personalidade decomposta». Era pela violência, e não apelando à sua « humanidade abstrata», que o prisioneiro em Auschwitz podia melhor afirmar a sua humanidade, «realizando socialmente [a sua] dignidade com um soco aplicado na cara de um homem».[67] Uma das tarefas mais difíceis, observava ele em 1969, comentando Fanon, consiste em transformar uma violência vingativa estéril em violência libertadora e revolucionária:

A liberdade e a dignidade devem ser conquistadas com a violência para serem liberdade e dignidade. Uma vez mais: por quê? Não tenho medo de introduzir aqui o tema tabu da vingança, que Fanon evita. A violência vingativa, diferentemente da violência opressora, cria uma igualdade negativa, uma igualdade do sofrimento. A violência repressiva é a negação da igualdade e, assim, do homem. A violência revolucionária é altamente humana. Sei que é difícil se acostumar a essa ideia, mas é importante examiná-la, ainda que apenas no espaço celeste da especulação. Se ampliarmos a metáfora de

---

67   Jean Améry, *Além do crime e castigo: tentativas de superação*. Trad. de Marijane Lisboa. São Paulo: Contraponto, 2013.

Fanon, o oprimido, o colonizado, o prisioneiro do campo de concentração, até mesmo o escravo assalariado sul-americano, devem ser capazes de ver os pés do opressor para se tornarem humanos e, vice-versa, para que o opressor, que não é humano quando desempenha o seu papel, torne-se, ele também, humano.[68]

É preciso superar essa etapa terrível, puramente negativa, da «igualdade no sofrimento», mas a violência exercida pelo oprimido, conforme escrevia Fanon, «desintoxica».[69] Décadas de política memorial pautada quase exclusivamente no sofrimento das vítimas, visando a apresentar a causa dos oprimidos como o triunfo da inocência, eclipsaram uma realidade que, no entanto, parecia evidente em outras épocas. Os oprimidos se rebelam recorrendo à violência, e essa violência não é bela nem idílica, às vezes é até mesmo horripilante. Em um ensaio notável sobre a história da escravidão, a antropóloga americana Saidiya Hartman cita o testemunho de um colono francês das Antilhas:

Aquele dia maldito era 23 de novembro de 1733, às três da manhã. Os negros do sr. Sœtman, ajudados por outros, arrombaram a porta do seu amo enquanto ele dormia, ordenaram-lhe que se levantasse e, após o terem despido, obrigaram-no a cantar e a dançar. Em seguida, depois de o terem trespassado com uma espada, cortaram-lhe a cabeça, abriram-lhe o corpo e lavaram-se com o seu sangue. À essa execução, acrescentaram a de sua filha Hissing, de treze anos, que foi degolada sobre o corpo do padrasto.[70]

---

68 Jean Améry, «Die Geburt des Menschen aus dem Geiste der Violenz» (1968), in *Werke* Bd. 7, v.7: *Aufsätze zur Politik und Zeitgeschichte*. Org. de Stefan Steiner. Stuttgart: Klett-Cotta, 2005, p. 443.
69 Fanon, *Os condenados da terra*, op. cit.
70 Saidiya Hartman, *Perder a mãe. Uma jornada pela rota atlântica da escravidão*. Trad. de José Luiz Pereira da Costa. Rio de Janeiro: Bazar do Tempo, 2021. (tradução modificada)

Esse horror, salienta Hartman, foi o «gesto inaugural da revolta deles».

Em 1966, o Festival Internacional de Cinema de Veneza concedeu o Leão de Ouro a *La battaglia di Algeri* [*A batalha de Argel*], de Gillo Pontecorvo, uma obra-prima que passou a fazer parte, para além da história do cinema, do cânone da cultura pós-colonial. Uma cena crucial do filme mostra mulheres argelinas que, maquiadas e vestidas à maneira ocidental, entram nos cafés frequentados pela juventude francesa para ali colocar bombas. O assassinato de civis, por mais lamentável que seja, sempre foi a arma dos frágeis nas guerras assimétricas. A Frente de Libertação Nacional (FNL) argelina fez uso dele, mas também o Congresso Nacional Africano (ANC) de Nelson Mandela, a Organização pela Libertação da Palestina (OLP) antes de Oslo, a FNL vietnamita, que atacava os bordéis de Saigon frequentados pelos soldados americanos, e até mesmo os terroristas do Irgun, já mencionados, que colocavam bombas contra os britânicos antes do nascimento do Estado de Israel (o atentado ao hotel King David de Jerusalém, em julho de 1946, matou 91 pessoas e feriu 45, entre os quais britânicos, mas também árabes e judeus). Isso vale também para a Europa, ainda que se tenda a esquecer, da guerra civil espanhola à Resistência durante a Segunda Guerra Mundial.

Na Itália, desde os «anos de chumbo», e no resto do mundo, desde 11 de setembro de 2001, alguma coisa mudou no inconsciente coletivo e até mesmo no léxico, sobretudo após os atentados islamistas de 2015 em Paris. Décadas de paz, democracia e relativa prosperidade nos levaram a interiorizar o repúdio da violência — no qual Norbert Elias, no entanto, via o traço essencial do processo de civilização —,[71] estendendo espontaneamente as nossas normas a contextos muito diferentes do nosso. Essa propensão é compreensível, mas ela é anacrônica e falsa. Em seu livro sobre a resistência como guerra civil, Claudio Pavone observa que «as palavras 'terror' e 'terrorismo' eram usadas de maneira muito corriqueira nas fontes da Resistência, sem inibição e sem os ecos hoje suscitados com os acontecimentos italianos e internacionais dos últimos anos».[72] Na sua magistral história dos Grupos de Ação Patriótica (GAP), aqueles *partisans* que praticavam a luta armada nas cidades, Santo Peli estudou minuciosamente a organização dos atentados visando a atingir o ocupante em qualquer lugar, não apenas em seus quartéis-generais, mas em meio à sociedade civil. Em muitas cidades, os GAP organizavam ações espetaculares, explodindo bombas nos bares, restaurantes, cinemas e bordéis frequentados pelo inimigo. No final de 1944, essa atividade tomou uma tal dimensão que o Partido Comunista, por meio de uma carta de Pietro Secchi, pediu-lhes que «cessassem essa forma de luta que nos afasta da simpatia do povo».[73] Giorgio Bocca, que, antes de se tornar um famoso jornalista, foi *partisan* no Piemonte, descreveu esse terrorismo da Resistência como um «ato de moralidade revolucionária», ressaltando alguns traços que hoje seriam geralmente condenados. O terrorismo dos resistentes, escreve Bocca,

---

71   Norbert Elias, *O processo civilizador*. Trad. de Ruy Jungman. Rio de Janeiro: Zahar, 1990.
72   Claudio Pavone, *Una guerra civile. Saggio storico sulla moralità nella Resistenza*. Turim: Bollati Boringheri, 1991, p. 493.
73   Citado em Santo Peli, *Storie di GAP. Terrorismo urbano e Resistenza*. Turim: Einaudi, 2017, p. 209.

não é feito para impedir aquele do ocupante, mas para provocá-lo, para exasperá-lo. É uma automutilação premeditada: ela procura as feridas, as punições, as represálias; ela visa a ganhar os indecisos, a escavar o fosso do ódio. É uma pedagogia impiedosa, uma lição cruel. Os comunistas a consideram, com razão, necessária e são os únicos capazes de aplicá-la de imediato.[74]

Os combatentes da Main-d'Œuvre Immigrée (Mão de Obra Imigrante, MOI) — a seção dos membros imigrados do Partido Comunista francês, na maior parte judeus da Europa Central, armênios, republicanos espanhóis e antifascistas italianos —, que lutavam contra a ocupação alemã, também usavam métodos terroristas. Denunciados na época pelos ocupantes como «terroristas judaico-bolcheviques», os membros da MOI, cujo chefe Missak Manouchian hoje repousa no Panthéon, cometia atentados nas cidades. Eles não se limitavam a preparar emboscadas e assassinar oficiais, mas também explodiam bombas nos cafés e nos restaurantes frequentados pelos alemães.[75] Um episódio de *O exército do crime* (2009), o belo filme de Robert Guédiguian dedicado ao «cartaz vermelho», encena as hesitações e as dúvidas que os assaltavam quando precisavam realizar ações que matariam civis. Vemos Celestino Alfonso entrar no hotel onde está acontecendo uma

---

74 Giorgio Bocca, *Storia dell'Italia partigiana. Settembre 1943 - maggio 1945*. Bari: Laterza, 1966, p. 135. Citado também em Peli, *Storie di GAP*, op. cit., p. 28.

75 Sobre a história do «cartaz vermelho», ver Philippe Robrieux, *L'Affaire Manouchian. Vie et mort d'un héros communiste*. Paris: Fayard, 1986; e Benoît Rayski, *L'Affiche rouge*. Paris: Denoël, 2009. Quarenta anos atrás, o cineasta Mosco Boucault dedicou ao grupo Manouchian um belíssimo documentário baseado no testemunho de diversos de seus membros que haviam sobrevivido à guerra. O título era *Des terroristes à la retraite* [Terroristas aposentados]. Na versão disponível atualmente no canal Arte e em DVD, o título foi ligeiramente modificado, acrescentando aspas ao termo «terroristas».

recepção do Kommandantur. Há uma orquestra, algumas pessoas a dançar, soldados, oficiais e prostitutas. Ele observa um pouco o ambiente, depois desiste de colocar a sua bomba e sai do hotel, pois não quer matar inocentes, não consegue fazer isso. Marcel Rayman decide imediatamente substituí-lo, mas também não consegue. Manouchiam fica contrariado; eles vão embora sem nada. É razoável supor que esses dilemas fossem ainda mais dramáticos do que no filme. De fato, Santo Peli cita o testemunho de Maria Teresa Regard, uma *gappista* romana de dezenove anos que descreveu o trauma e o «profundo desalento» que se seguiram ao seu primeiro atentado, em 16 de dezembro de 1943:

Via Cola di Rienzo, Francesco, Pasquale e eu seguimos por um trecho da rua um fascista uniformizado. Foi Pasquale quem atirou nele. Vendo o fascista desabando na rua, e percebendo que se tratava de um jovem mais ou menos da nossa idade, Pasquale permaneceu imóvel, sacudido por um tremor convulsivo e vômitos. Coube a mim e a Francesco pegá-lo pelo braço e tirá-lo dali à força. [76]

A fronteira entre o terrorista e o combatente nem sempre é muito clara; muitas vezes, as duas figuras se sobrepõem. O clichê do combatente como herói imaculado é um mito. A imagem estereotipada do terrorista como um bruto fanático exaltado e cruel, embriagado pelo húbris da morte e do sangue, é igualmente falsa na maioria das vezes.

Desde tempos imemoriais, o estupro é uma arma de guerra especialmente abjeta, usada praticamente por todos os exércitos, incluindo aqueles que lutavam guerras justas. Nas últimas décadas, ele foi empregado na antiga Iugoslávia, no

---

76   Peli, *Storie di GAP*, op. cit., p. 64.

Afeganistão, Iraque, Nigéria e Ucrânia, para lembrar apenas alguns casos mais conhecidos. Em maio de 1945, a entrada do Exército Vermelho em Berlim foi vivida como um pesadelo por dezenas de milhares de mulheres alemãs. Folhetos do Exército Vermelho exortavam os soldados a tratá-las como seu espólio de guerra.[77] Hoje, de acordo com muitos testemunhos, estupros foram cometidos tanto pelos combatentes do Hamas como pelos soldados israelenses (não se pôde apresentar nenhuma prova, porque, após ter disseminado os rumores mais fantasiosos sobre as atrocidades do Hamas, o estado-maior do Tzahal impede qualquer investigação a esse respeito). De acordo com Pramila Patten, responsável do escritório da ONU encarregado de tratar a questão das violências sexuais nos conflitos, muitos testemunhos convergentes provam que esses estupros ocorreram. Não se sabe se foram planejados pelo Hamas ou encorajadas pelo Tzahal, sobretudo durante os interrogatórios que aconteceram após o 7 de outubro. O que é certo é que as violências sexuais cometidas pelos combatentes palestinos foram muito mais midiatizadas do que as dos soldados de Israel, conforme constataram diversas feministas árabes.[78] Podemos distinguir entre soldados e «terroristas» nesse âmbito? O estardalhaço midiático em torno dos estupros do Hamas coincidiu, a propósito, com uma censura absolutamente reveladora. *Detalhe menor*, o romance da escritora palestina Adania Shibli, cuja premiação foi cancelada na Feira do Livro de Frankfurt em outubro de

---

77   Ver Miriam Gebhardt, *Crimes Unspoken. The Rape of German Women at the End of the Second World War*. Cambridge: Polity Books, 2017 [2015].
78   Ver Azadeh Moaveni, «What They Did to Our Women», *London Review of Books*, vol. 46, n. 9, 9 maio 2024.

2023 por censores dotados de altíssimos princípios morais, narra o estupro e o assassinato de uma jovem palestina por soldados israelenses durante a Nakba em 1949.[79]

Há algo de curioso nessa pletora de artigos e reportagens que não conseguem pronunciar ou escrever a palavra Hamas sem acompanhá-la do adjetivo «bárbaro». Os atentados terroristas nos deixam indignados, suscitando o horror e a desaprovação, mas nossa época, tão propensa à retórica dos «direitos humanos», dá mostras de uma espantosa naturalização da violência dos bombardeios de saturação, dos alvos focalizados em uma tela, das «bombas inteligentes» e dos ataques «cirúrgicos» que aniquilam cidades habitadas por milhões de pessoas. Os nossos «direitos humanos» são regularmente evocados para legitimar as nossas «guerras humanitárias», e a guerra exige a *union sacrée*, uma opinião pública unânime e compacta, mas quando Francesca Albanese, relatora especial da ONU para os territórios palestinos, denuncia um genocídio colocado em prática por Israel, ela é acusada de cumplicidade com o terrorismo.

O massacre de 7 de outubro deve ser condenado, e a ideologia fundamentalista que inspira o Hamas deve igualmente ser criticada, mas negar o pertencimento desse grupo à resistência palestina, como fazem alguns, invocando o seu caráter terrorista não é muito sério. Podemos emitir julgamentos, formular palavras de apoio, crítica ou condenação, mas não temos nenhuma autoridade para deliberar a respeito do pertencimento de tal pessoa ou tal grupo à resistência palestina. Deveríamos negar o status de resistentes aos combatentes comunistas — incluindo os heróis do

---

79 Adania Shibli, *Detalhe menor*. Trad. de Safa Jubran. São Paulo: Todavia, 2021.

MOI — com o pretexto de que o partido deles apoiava uma ideologia e um regime totalitários? Podemos discutir sobre as origens e as transformações do Hamas, ou ainda sobre as circunstâncias que permitiram o seu desenvolvimento, especialmente quando Israel libertou ou seus líderes e encorajou a sua criação para enfraquecer a OLP e dividir o campo palestino.[80] Essas considerações, todavia, não apagam a realidade de um movimento cujos combatentes lutam contra um exército de ocupação.

Os países ocidentais recusam ao Hamas o status de interlocutor legítimo (negociam com ele por intermédio do Egito e do Catar), mas ostentam uma cortesia primorosa quando se trata de encontrar Netanyahu e os membros do seu governo, hoje definidos como criminosos (culpados de crimes de guerra e de crimes contra a humanidade), da mesma forma que os dirigentes do Hamas, por um procurador da CPI em Haia. Nenhum país jamais exigiu a libertação de Marwan Barghouti, detido há vinte anos, único líder palestino dotado da legitimidade necessária para conduzir uma negociação digna desse nome com Israel, na qualidade de representante de Gaza e da Cisjordânia. Todos lançam apelos ao respeito do direito humanitário, mas se recusam a condenar uma ofensiva destinada a perpetuar e a expandir uma ocupação ilegal. Os dois pesos e as duas medidas adotados em relação à Ucrânia e à Palestina — o direito

---

[80] Em março de 2019, durante uma reunião do Likud, Benjamin Netanyahu declarava: «Quem quiser impedir a criação de um Estado palestino deve apoiar o fortalecimento do Hamas. [...] Isso faz parte da nossa estratégia: separar os palestinos de Gaza daqueles da Judeia e de Samaria [a Cis- jordânia]». Citado em Adam Raz, «A Brief History of Netanyahu-Hamas Alliance», *Haaretz*, 20 out. 2023.

internacional a princípio evocado contra a Rússia, em seguida ignorado quando é Israel a pisoteá-lo — suscitam a incompreensão e a indignação de todo o planeta.

VII
Memórias cruzadas

Décadas de ocupação só poderiam gerar frustração e violência, e não um desejo de diálogo e reconhecimento recíproco. Uma negociação de paz deveria ser imposta de fora, mas os Estados que poderiam visivelmente não querem fazê-lo. Um diálogo entre duas visões da realidade radicalmente opostas é impossível. Há mais de vinte anos, quando da Segunda Intifada, Edward W. Said salientava a impossibilidade de um diálogo entre visões da realidade radicalmente opostas: em 1948, os palestinos foram expropriados e desenraizados, escrevia ele, enquanto Israel proclamava ter conquistado a sua independência; os palestinos foram despojados de suas terras e expulsos às centenas de milhares, enquanto Israel afirmava ter recuperado uma terra que pertencia aos judeus por decreto bíblico; os palestinos sofreram várias décadas de ocupação e privação de direitos, mas Israel alega agir em nome de um povo de vítimas. Uma narrativa unilateral celebra a história de uns e ignora ou nega a de outros. Por um longo tempo, paralelamente ao reconhecimento de Israel como entidade nacional, chancelado primeiramente pela ONU em 1948 e em seguida confirmado pelos tratados de reparação com a RFA na década seguinte, negou-se o caráter nacional dos palestinos, relegando-os a um mundo árabe genérico.[81]

---

81 Ver Rashid Khalidi, *Palestinian Identity. The Construction of Modern National Consciousness*. Nova York: Columbia University Press, 2010; e

Enquanto a Palestina permanecia algo de abstrato e inacessível, Israel adquiria progressivamente uma dimensão simbólica que transcendia amplamente as suas fronteiras.

Na Europa e nos Estados Unidos, observava ainda Said, Israel nunca foi tratado como um Estado, mas sim como «uma ideia ou uma espécie de talismã»,[82] o revelador de uma má consciência cuja expiação pode ser terceirizada, assim como sempre foi feito em uma ordem desigual e hierárquica. São os palestinos que pagaram e continuam pagando a dívida contraída pela Europa em relação aos judeus.

Agora integrado no coração do mundo ocidental, Israel toma de empréstimo a sua linguagem e os seus velhos preconceitos racistas para transferi-los aos palestinos. Fanon havia destacado o maniqueísmo do mundo colonial, no qual o colonizado era permanentemente desumanizado e animalizado: «a linguagem do colonizador, quando fala do colonizado, é uma linguagem zoológica».[83] Essa linguagem está hoje instalada em Israel. Por exemplo, o ministro da Defesa Yoav Gallant declarou que Israel estava combatendo «animais humanos» em Gaza.[84] Em 1983, Rafael Eitan, chefe do estado-maior do exército, já havia descrito os palestinos como «baratas dentro de uma garrafa».[85] Quem quer que conheça um pouco da história do antissemitismo, de

---

Elias Sanbar, *Figures du Palestinien. Identité des orgines, identité du devenir*. Paris: Gallimard, coleção «NRF essais», 2004.
82 Said, *From Oslo to Iraq and the road map. Essays*, op. cit., p. 67.
83 Fanon, *Os condenados da terra*, op. cit.
84 Ver Oliver Holmes e Ruth Michaelson, «Israel Declares Siege of Gaza as Hamas Threatens to Start Killing Hostages», *The Guardian*, 9 out. 2023.
85 Citado por Tony Judt em seu prefácio a Said, *From Oslo to Iraq and the road map*, op. cit., p. 24.

Édouard Drumont a Hitler, não terá dificuldade alguma para reconstituir a genealogia dessa retórica. De forma indireta, o riquíssimo arsenal de estereótipos antissemitas criado na Europa no final do século XIX deslocou-se atualmente para o Oriente Médio, onde está prosperando, inclusive nas suas formas mais grotescas, tais como os *Protocolos dos sábios de Sião*, facilmente acessíveis na internet e nas livrarias das capitais árabes.

Esse enxerto médio-oriental do antissemitismo europeu reforça a narrativa sionista segundo a qual, por trás do atentando de 7 de outubro, não estão as décadas de opressão e negação dos direitos dos palestinos, mas sim o antissemitismo ancestral, o ódio eterno e incurável contra os judeus. O atentado se tornou um «pogrom», como se fosse o Hamas que detivesse o poder e os israelenses fossem apenas uma minoria oprimida, como eram os judeus na época dos tsares. Uma reescrita da história que Benjamin Netanyahu ensaiou várias vezes, particularmente afirmando que o grão-mufti de Jerusalém teria sido a fonte inspiradora de Hitler e que o Hamas — assim como Yasser Arafat no passado — não seria senão a reencarnação do nazismo.[86] Não há nada de novo aqui.

Exasperados pela proliferação dessas narrativas mitológicas e pela violência que elas alimentam, alguns intelectuais buscaram reconstituir suas origens. No final dos anos

---

86   Judi Rudoren, «Netanyhanu Denounced for Saying Palestinian Inspired Holocaust», *The New York Times*, 21 out. 2015. Sobre as relações entre Amin al-Husayni e o nazismo, do qual o primeiro foi cúmplice mas certamente não inspirador, ver Gilbert Achcar, *Les Arabes et la Shoah. La guerre israélo-arabe des récits*. Arles: Actes Sud, coleção «Sindbad», 2009, pp. 218-51.

1980, o jornalista israelense Yehuda Elkana, testemunha de diversas atrocidades durante a guerra do Líbano em 1982, sugeriu que essa propensão decorria de um «profundo medo existencial [...] que tendia a fazer do povo judeu a eterna vítima de um mundo hostil». Essa crença, que visivelmente não desapareceu quarenta anos depois, constituía a seus olhos, «paradoxalmente, a trágica vitória de Hitler». Constatando que o nazismo não havia deixado de afetar as mentes, ele propunha explorar as virtudes do esquecimento. Ele escreve: «O jugo da memória histórica precisa ser extirpado da nossa vida».[87]

Diante de uma memória tão distorcida, seria melhor esquecer o passado? Já antes de Yehuda Elkana, Primo Levi dera uma entrevista para o jornal italiano *La Reppublica*, logo após o massacre de Sabra e Chatila, na qual ele reconhecia o «profundo medo existencial» dos judeus, mas não o aceitava como desculpa:

Sei muito bem que Israel foi fundado por pessoas como eu, mas menos afortunadas do que eu. Homens com o número de Auschwitz tatuado no braço, sem casa nem pátria, que escaparam dos horrores da Segunda Guerra Mundial e que encontraram ali uma casa e uma pátria. Sei de tudo isso. Mas sei também que esse é o argumento preferido de Begin. E, a tal argumento, nego a validade.[88]

---

87 Yehuda Elkana, «The Need to Forget», *Haaretz*, 2 mar. 1988, p. 18, citado em Tom Segev, *The Seventh Million: The Israelis and the Holocaust*. Nova York: Farrar, Straus and Giroux, 199,. pp. 503-4. Sobre as virtudes do esquecimento, ver também David Rieff, *Elogio dell'oblio. I paradossi della memoria storica*, prefácio de Marta Boneschi. Roma: Luiss University Press, 2019 [2016].
88 Primo Levi, *Conversazioni e interviste 1963-1987*. Org. Marco Belpoliti. Turim: Einaudi, 1997, p. 302.

A Shoah, segundo Primo Levi, não conferia a Israel um status de inocência ontológica. Aos seus olhos, não havia nenhuma dúvida de que Menachem Begin fosse um «fascista»; ele achava, aliás, que o próprio Begin teria aceitado de bom grado essa definição.[89] Agora, comparado a Netanyahu, Begin passaria por moderado.

Não tenho certeza de que, após quarenta anos, ou seja, duas gerações, o diagnóstico de Elkana a respeito do imaginário israelense ainda seja válido. Menachem Begin viveu a invasão israelense do Líbano em um estado de exaltação mitológica, tomando a si mesmo como o comandante de um exército judeu que tivesse libertado o gueto de Varsóvia em 1943. Os supremacistas sionistas de hoje são diferentes; não são nem mesmo os filhos dos fundadores do Estado de Israel nos quais Levi via companheiros de desventura. Os supremacistas judeus de hoje são parecidos com os nossos fascistas, que socam um negro ou um árabe para provar a própria virilidade. Já uns vinte anos atrás, o historiador anglo-americano Tony Judt constatou com desespero que, após a guerra de 1967, e mais ainda após a Primeira Intifada, Israel havia sofrido uma sombria transformação:

Hoje, o país apresenta uma imagem horrível: um lugar onde jovens de dezoito anos armados com M16 insultam idosos indefesos («medidas de segurança»); onde edifícios inteiros são regularmente destruídos por retroescavadeiras («punições coletivas»); onde helicópteros disparam mísseis em ruas residenciais («assassinatos seletivos»); onde colonos financiados pelo Estado nadam em piscinas cercadas por gramados, indiferentes às crianças palestinas que apodrecem a poucos metros de distância nos piores casebres

---

89 Ibid., p. 298.

do planeta; onde generais e ministros aposentados falam abertamente sobre […] limpar o país do câncer árabe.[90]

A reação de Elkana é compreensível, ainda que agora datada, mas não se decreta o esquecimento, pode-se apenas censurar a memória. Não se pode apagar um passado que não precisa ser convocado para que os seus fantasmas invadam o presente. Para além de seu caráter discutível e aproximativo, dada a diferença entre as épocas, os contextos e os atores, algumas analogias históricas se impõem de maneira espontânea: a destruição de Gaza pelo Tzahal lembra aquela do gueto de Varsóvia arrasado pelo general Jürgen Stroop em abril de 1943, e os combatentes que despontam dos túneis para golpear um exército de ocupação que os chama de «animais» não podem evitar a lembrança dos combatentes judeus do gueto. É verdade que as bandeiras do Tzahal ostentam uma estrela de Davi e não uma suástica, mas isso, no entanto, não torna os seus soldados inocentes, por mais que possam estar perturbados por um «profundo medo existencial» herdado dos seus antepassados. As imagens devastadoras que esses militares publicam nas redes sociais, exibindo-se orgulhosos e eufóricos ao lado de palestinos humilhados, lembram as inadmissíveis fotografias de recordação tiradas pelos soldados alemães da Wehrmacht na Polônia e na Bielorrússia, nas quais os vemos sorrirem ao lado de *partisans* enforcados.[91] Com os vídeos que se

---

90   Tony Judt, prefácio de Said, *From Oslo to Iraq and the road map,* op. cit., pp. 23-4.
91   Sobre as fotografias de recordação da guerra contra os *partisans* (*Partisanenkampf*) tiradas pelos soldados alemães, ver Dieter Reifahrth e Viktoria Schmidt-Linsenhoff, «Die Kamera der Täter», in Hannes Heer

multiplicam pelas redes sociais (não obstante a censura da grande mídia) de cadáveres de crianças, de trabalhadores humanitários e de civis assassinados por atiradores de elite ou por drones e, em seguida, arrastados por retroescavadeiras, com a descoberta de valas comuns repletas de centenas de cadáveres com os punhos amarrados, a impressão de uma Shoah com balas e de um massacre planejado é cada vez mais forte. Alguns argumentarão que não é a mesma coisa, mas Israel parece estar fazendo todo o possível para apagar essa diferença.

---

e Klaus Naumann (org.), *Vernichtungskrieg. Verbrechen der Wehrmacht 1941 bis 1944*. Hamburgo: Hamburger Edition, 1995, pp. 475-503. Sobre as selfies e os vídeos realizados pelos soldados israelenses em Gaza, amplamente documentados pela Al Jazeera e outros canais de televisão, ver Sophia Goodfriend, «The Viral Atrocities Posted by Israeli Soldiers», *Sapiens. Anthropology Magazine*, 20 mar. 2024; e Samuel Forey, «Des soldats israéliens déployés à Gaza mettent en scène leurs exactions sur les réseaux sociaux», *Le Monde*, 28 fev. 2024.

VIII
From the river to the sea

O 7 de outubro e a guerra em Gaza selam definitivamente o fracasso dos acordos de Oslo. Longe de ter lançado as bases de uma paz duradoura para a coexistência de dois Estados soberanos, esse entendimento foi desde o início sabotado por Israel, que fez dele a premissa para a colonização da Cisjordânia, a anexação de Jerusalém Oriental e o isolamento da Autoridade Palestina, hoje reduzida a uma entidade fantasma corrupta e desacreditada. Esse fracasso marca, assim, o fim do projeto de dois Estados. Ainda vagamente contemplado pelos europeus e pelo governo Biden — que nunca julgaram necessário consultar os palestinos —, esse projeto não resultaria, de toda maneira, em mais que um ou dois bantustões palestinos sob controle militar israelense. Após a anexação de Jerusalém Oriental, para onde se transferiram 220 mil colonos, o assentamento de outros 500 mil na Cisjordânia e a destruição de Gaza, a hipótese de dois Estados se tornou objetivamente impossível. Além do mais, o governo de Israel não quer dois Estados; ele quer anexar a Cisjordânia e proceder à limpeza étnica de Gaza. Como vimos, diversos membros do governo declararam isso abertamente.

O que se pode esperar então? Vinte anos atrás, Edward W. Said afirmava que um Estado binacional laico — uma república democrática capaz de garantir uma completa igualdade de direitos aos seus cidadãos, tanto judeus como palestinos — era o único caminho possível para a paz. É esse, aliás, o significado do slogan *From the river to the sea, Palestine will be free* [Do rio ao mar, a Palestina será livre] — com as suas variações *From the river to the sea, we demand equality* [Do rio ao mar, exigimos igualdade] e *From the river to the sea, everyone must be free* [Do rio ao mar, todos devem ser livres] — que a maioria dos meios de comunicação se obstina em qualificar de antissemita,[92] retomando uma acusação que data dos anos da guerra do Kippur, quando a Anti-Defamation League [Liga Antidifamação] da B'nai B'rith começou a denunciar um novo antissemitismo à esquerda do espectro político.[93]

Trata-se, no entanto, de uma acusação muito curiosa. Por que os palestinos não poderiam ser livres entre o Jordão e o Mediterrâneo? Talvez porque seja o «espaço vital» israelense, segundo uma formulação popular que tem acolhimento entre os extremistas do governo Netanyahu?[94] Mais uma inversão dos papéis. No início do século xx, quando o geógrafo alemão Friedrich Ratzel cunhou o conceito de «espaço vital» (*Lebensraum*), os pangermanistas consideravam as fronteiras fixadas pelo direito internacional como puras abstrações, fruto de um pensamento judaico incorpóreo, e a elas opunham uma ideia não apenas geográfica, mas sobretudo existencial e biológica do espaço, um ambiente feito

---

92   Sobre os usos desse slogan, ver Alon Confino e Amos Goldberg, «From the River to the Sea, There Is Space for Many Different Interpretations», *Public Seminar*, 9 abr. 2024.
93   Ver Arnold Foster e Benjamin R. Epstein, *The New Anti-Semitism*. Nova York: McGraw-Hill, 1974. Sobre a genealogia dessa visão ideológica, ver Adam Haber e Matylda Figlerowicz, «Anatomy of a Moral Panic», *Jewish Currents*, 2 maio 2004.
94   Ver Cypel, *L'État d'Israël contre les Juifs*, op. cit., pp. 114-8.

para ser modelado pela força vital de um povo.[95] Essa era a matriz ideológica de suas políticas expansionistas, muito antes que o nazismo se apropriasse desse conceito. Hoje, a ideia de «espaço vital» foi adotada pelo sionismo, que, desde o nascimento de Israel, nunca deixou de alargar as suas fronteiras, desprezando o direito internacional. Trata-se da dimensão territorial do projeto teológico-político do sionismo, segundo o qual o pertencimento desse espaço aos judeus é estabelecido pelas sagradas escrituras.

Muitos políticos americanos para os quais a ideia de fazer dos Estados Unidos um país exclusivamente branco e cristão seria insensata e racista, ou que consideram a República Islâmica do Irã como um anacronismo histórico, são defensores fervorosos de Israel, um Estado construído sobre bases étnico-religiosas. De fato, desde um voto da Knesset de 2018, Israel se tornou o «Estado-nação do povo judeu». Na Itália, os mais fiéis aliados do «Estado judeu» de Israel se encontram nas fileiras da direita xenófoba, aquela que se recusa, por princípio, a introduzir o *jus soli* e conceder a cidadania a quem nascer, de pais imigrantes, na península itálica.

Segundo a «lei do retorno», Israel está pronto para acolher todos os judeus da diáspora, mas nega o direito do retorno aos palestinos expulsos em 1948 e aos seus descendentes. Israel é um Estado democrático para os seus cidadãos, mas uma ditadura militar para os palestinos dos territórios

---

[95] Ver Friedrich Ratzel, *Der Lebensraum. Eine biogeographische Studie*. Darmstadt: Wissenschaftliche Buchgesellschaft, 1966 [1901]; para um estudo crítico dos desdobramentos desse conceito, ver «Knowledge of Expansion: On the Geopolitics of Karl Haushofer», em Diner, *Beyond the Conceivable*, op. cit., pp. 26-48.

ocupados, que são privados de direitos. Na realidade, como ressaltou Amnon Raz-Krakotzkin, Israel não é um «Estado-nação», mas um «processo contínuo de redenção» fundado em uma combinação única de teologia e colonialismo. É um Estado que encarna «um objetivo perpétuo de imigração, povoamento e judaísmo», do qual os árabes são excluídos por definição.[96] Israel, conclui Raz-Krakotzkin, não é, em última análise, nem um Estado-nação na acepção tradicional do termo, nem um Estado democrático. O objetivo de Israel, escrevia Said de maneira premonitória, era tornar os palestinos invisíveis. É um objetivo tacitamente compartilhado pelos Estados Unidos, pela União Europeia e até mesmo pelos países árabes, que se preparavam para reconhecer Israel (na esteira dos Acordos de Abraão já assinados pelos Emirados Árabes Unidos, Barein, Marrocos e Sudão com Israel) em detrimento dos palestinos. O 7 de outubro recordou a eles que os palestinos não haviam desaparecido.

Naturalmente, o futuro de Israel-Palestina deve ser decidido por aquelas e aqueles que vivem ali. Os observadores externos preocupados com a paz podem, no entanto, recordar algumas lições a serem extraídas da sua própria história. Hoje, uma solução de dois Estados pode ser alcançada somente por meio de operações cruzadas de limpeza étnica: expulsar os colonos judeus da Cisjordânia, fixar fronteiras dentro de Jerusalém, criando bairro étnicos exclusivos, e, por fim, encontrar uma solução para os 2 milhões de palestinos que atualmente gozam do status de cidadãos israelenses. É essa uma solução racional para uma terra compartilhada pelo mesmo número de judeus e de palestinos? Mesmo

---

96   Amnon Raz-Krakotzkin, *Exil et souveraineté. Judaïsme, sionisme et pensée binationale*. Paris: La Fabrique, 2007, p. 210.

imaginando a criação de um Estado palestino autenticamente soberano, essa clivagem entre duas entidades nacionais homogêneas no plano étnico e religioso seria uma regressão histórica. Acabaria até mesmo sendo paroxístico e caricatural caso ele tomasse a forma de dois fundamentalismos justapostos, um sionista e outro islâmico. Isso não poderia levar a nenhuma troca frutífera entre as culturas, as línguas e as religiões que compartilham essa terra. Como demonstrou a história da Europa Central e dos Bálcãs no século XX, o resultado seria trágico. Eis por que muitos dos atores desse conflito não enxergam adiante outra saída senão a de um Estado binacional em que israelenses e palestinos, judeus, muçulmanos e cristãos coexistiriam em pé de igualdade. Hoje, essa opção parece irrealizável, mas, se pensarmos a longo prazo, ela parece lógica e coerente.

O projeto de um Estado binacional não tem nada de antissemita e certamente não equivale a querer expulsar os judeus da Palestina. Israel não é somente um Estado, é também uma nação articulada, com uma cultura bastante viva e dinâmica que tem o direito de existir, mas o futuro dessa nação está comprometido pela entidade política que hoje a governa e a representa. No mundo global do século XXI, um Estado fundado sobre uma base étnica e religiosa exclusiva é uma aberração, em Israel-Palestina assim como em qualquer outro lugar.

Por que um Estado binacional israelense-palestino seria impossível ou irracional? Em plena Segunda Guerra Mundial, a ideia de construir uma federação europeia que reunisse a Alemanha, a França, a Itália, a Bélgica e os Países Baixos teria parecido estranha e ingênua. Dez anos mais tarde, ao contrário, iniciou-se um processo de construção europeia sobre o qual haveria certamente muito a dizer e até mesmo objetar, mas, ao término do qual, a ideia de uma guerra entre a Alemanha, a Itália ou a França se tornou simplesmente absurda. Por que não poderia acontecer o mesmo no Oriente Médio? A história é cheia de preconceitos que são extirpados e que, retrospectivamente, aparecem como anacronismos estúpidos. Por vezes, as tragédias servem para abrir novos horizontes. O projeto de um Estado federal ou binacional foi por muito tempo aquele defendido pela OLP e por uma corrente da esquerda israelense, o Matzpen.

Antes do nascimento de Israel, ele esteve no centro daquilo que se chamava de «sionismo cultural», encarnado por figuras como Robert Weltsch, Gershom Scholem, Hannah Arendt, Martin Buber e Judah Magnes, um dos fundadores da Universidade Hebraica de Jerusalém. Todos esses intelectuais se opunham ao sionismo político de Herzl, nos primórdios de Israel, e muitos deles consideravam a formação de um Estado hebreu como um erro histórico. A correspondência entre Arendt e Scholem atesta essa ruptura. Em 1946, Scholem não podia tolerar o «tom» das tomadas de posição antissionistas de Arendt, para quem «um Estado nacional judaico seria uma brincadeira estúpida e perigosa».[97] Antes do nascimento de Israel, o sionismo era um movimento heterogêneo, transpassado por correntes muito diferentes, para não dizer antinômicas, que incluíam espiritualistas de sensibilidade libertária como Scholem, quando não

---

[97] Hannah Arendt e Gershom Scholem, *Der Briefwechsel 1939-1964*. Berlim: Jüdischer Verlag, 2010, pp. 110 e 133-4. Sobre a história do sionismo e de seus diferentes componentes, ver Walter Laqueur, *History of Zionism: From the French Revolution to the Establishment of the State of Israel* [1972]. Nova York: Schocken, 2003. Sobre o sionismo cultural e o binacionalismo, ver Raz-Krakotzkin, *Exil et souveraineté*, op. cit.

declaradamente anarquista como Abba Gordin, marxistas como Ber Borochov e, no polo oposto, nacionalistas que nutriam uma certa simpatia pelo fascismo, como Vladimir Jabotinskij. Todas essas correntes foram eclipsadas ou amplamente reabsorvidas pelo sionismo político de Herzl, do qual Ben-Gurion se considerava herdeiro e ao qual recorrem os atuais dirigentes do Likud.[98] Foi a guerra árabe-israelense de 1948 que selou essa mudança. A maioria das tendências mencionadas acima seriam hoje classificadas como antissionistas.

Em 1950, no rescaldo da primeira guerra árabe-israelense, Arendt escreveu que a principal tragédia provocada por esse conflito era «a criação de uma nova categoria de apátridas, os refugiados árabes».[99] Longe de garantir a sua segurança, a vitória de Israel havia lançado as premissas de uma crise permanente. Escrevia ela:

Uma vez vencida a guerra, o fim do conflito veria a destruição das possibilidades únicas e dos êxitos únicos do sionismo. O país que nasceria então seria algo de absolutamente diferente do sonho dos judeus do mundo todo, sionistas e não sionistas. Os judeus «vitoriosos» viveriam cercados por uma população árabe completamente hostil, confinados em fronteiras constantemente ameaçadas, ocupados com a sua autodefesa física a ponto de perder todos os seus outros interesses e as suas outras atividades. O desenvolvimento de uma cultura judaica deixaria de ser a preocupação de todo o povo; a experimentação social seria descartada como um luxo inútil; o pensamento político se concentraria na estratégia militar; o desenvolvimento econômico seria determinado exclusivamente pelas exigências da guerra. E tudo isso seria o destino de uma nação que, ainda que absorvesse cada vez mais imigrantes e alargasse cada vez mais as suas fronteiras (a reivindicação absurda dos revisionistas

---

98 Ver a riquíssima antologia reunida e apresentada por Denis Charbit (org.), *Sionismes. Textes fondamentaux*. Paris: Albin Michel, coleção «Idées/Menorah», 1998. Charbit usa acertadamente o plural no título desse volume.
99 Arendt, «Peace or Armistice in the Near East?», op. cit., p. 444.

inclui toda a Palestina e a Transjordânia), continuaria, no entanto, a ser um povo minúsculo, numericamente muito inferior aos seus vizinhos hostis.[100]

Essa perspectiva, que para Arendt era um pesadelo, está hoje diante dos nossos olhos. Foi precisamente para evitar um tal impasse que os intelectuais favoráveis à criação de um «lar nacional judaico» na Palestina rejeitavam o projeto sionista de um Estado judaico, opondo a ele a ideia de um Estado binacional. Era essa, aos olhos de Magnes, a única opção frutífera, que ele descrevia com palavras tão ingênuas quanto visionárias:

Que benção seria para a raça humana se os judeus e os árabes da Palestina estabelecessem laços de amizade e cooperassem para fazer dessa Terra Santa uma Suíça florescente e pacífica no coração dessa antiga rota a meio caminho do Oriente e do Ocidente. Isso exerceria uma inestimável influência política e espiritual no Oriente Médio e muito além. Uma Palestina binacional poderia se tornar um farol para a paz no mundo.[101]

Magnes imaginava uma Palestina livre, do Jordão ao mar. Por acaso deveríamos acusá-lo retrospectivamente de antissemitismo?

Há 20 anos, Said se perguntava: «Onde estão os equivalentes israelenses de Nadine Gordimer, André Brink, Athol Fugard, dos escritores brancos da África do Sul que se levantaram de maneira inequívoca e resoluta contra o apartheid?».[102]

---

100 Id., «The Jewish State. Fifty Years After, Where Have Herzl's Politics Led?» (1946), in *The Jewish Writings*, op. cit., pp. 396-7 [ed. bras.: «O Estado judeu. Cinquenta anos depois, para onde nos levou a política de Herzl», in *Escritos judaicos*. Trad. de Laura D. M. Mascaro, Luciana G. de Oliveira, Thiago D. da Silva. Barueri: Amarilys, 2016].
101 Id., «Peace or Armistice in the Near East?», op. cit., p. 441.
102 Said, *From Oslo to Iraq and the road map*, op. cit., p 197.

Esse silêncio é hoje igualmente ensurdecedor, rompido apenas por algumas vozes isoladas. Assistimos a impressionantes manifestações pela exoneração de Netanyahu, mas elas não denunciavam o massacre de Gaza; exigiam apenas uma ação mais eficaz pela libertação dos reféns e pelo afastamento de um líder corrupto. Manifestações análogas já haviam acontecido no ano anterior, mas davam mostras de uma completa indiferença em relação ao barril de pólvora que estava se formando em Gaza e de uma naturalização crescente da colonização, desde então aceita como normal e irreversível. Não escutamos uma voz comparável àquela do filósofo Yeshayahu Leibowitz, que, em 1982, descreveu a guerra do Líbano como uma «política judaico-nazista».[103] O trauma de 7 de outubro parece ter paralisado as consciências, ainda que algumas vozes corajosas se façam ouvir, às vezes de forma espetacular. No Festival Internacional de Cinema de Berlim de 2024, Yuval Abraham, codiretor do documentário *No Other Land* junto com o palestino Basel Adra, pronunciou as seguintes palavras ao receber o prêmio de melhor documentário: «Sou israelense, Basel é palestino. E, dentro de dois dias, voltaremos para um país onde não somos iguais... Essa situação de apartheid entre nós, essa desigualdade tem que acabar».[104] As vozes contra essa guerra são muito mais numerosas e audíveis na diáspora judaica, que obviamente não é responsável por esse massacre, mas muitos de seus integrantes sentiram a necessidade de dizer que não se consideram representados por um Estado que pretende agir

---

103 Citado por Segev em *The Seventh Million*, op. cit., p. 401.
104 Ver Lucas Minismi, «Qui est le journaliste israélien Yuval Abraham, qui a plaidé pour cessez-le-feu à Gaza», *Le Monde*, 6 mar. 2024. Diversos políticos alemães qualificaram os comentários de Yuval Abraham como antissemitas.

em nome deles. Nos Estados Unidos, essa orientação é provavelmente hegemônica em meio à geração mais jovem. Em Nova York, a Jewish Voice for Peace ocupou a Grand Central, principal estação ferroviária da cidade, a ponte de Manhattan Bridge e a Liberty Island; as suas camisas pretas com o lema *Not in our name* [Não em nosso nome] fizeram um sucesso extraordinário. Na Itália, uma petição assinada por muitas personalidades judaicas entre as mais importantes da cultura do país coloca esta questão crucial: «Para que serve hoje a memória se ela não contribui para interromper a produção de morte em Gaza e na Cisjordânia? Não fazer a si mesmo essa pergunta é transformar o Dia da Memória em uma celebração ritualística e vazia».[105] Na França, um apelo semelhante foi lançado por intelectuais cujos pais ou avós foram perseguidos e deportados. Absolutamente notável por sua lucidez, sua generosidade e, no clima atual, sua coragem, o texto começa com estas palavras:

Depois de 57 anos de ocupação acompanhada de humilhações, expulsões de suas casas e terras, prisões arbitrárias, assassinatos múltiplos, implantação de assentamentos e fracasso de várias ações pacíficas, é compreensível que muitos palestinos e palestinas se recusem a condenar a ação do Hamas de 7 de outubro, considerando-a como um ato legítimo de resistência à colonização israelense e ao terrorismo do Estado de Israel.

O apelo prossegue, condenando o ataque do Hamas e o massacre israelense que se seguiu. Eles acrescentam

que é ilegítimo e ignóbil justificar o massacre de dezenas de milhares de civis em Gaza e na Cisjordânia em nome do genocídio dos judeus da Europa, do

---

105   «Mai indifferenti. Voci ebraiche per la pace», *Il Fatto Quotidiano*, 11 fev. 2024.

qual o povo palestino em nada participou. Junto com muitos judeus e judias no mundo todo, inclusive em Israel, negamos ao governo de Netanyahu e seus apoiadores o direito, valendo-se da Shoah, de agir em Gaza e na Cisjordânia em nosso nome e em nome de nossos ancestrais.[106]

Entretanto, a situação mudou profundamente. Israel se revelou vulnerável e, acima de tudo, por sua fúria destrutiva, desprovido de qualquer legitimidade moral. A causa palestina tornou-se a bandeira do Sul Global e de grande parte da opinião pública, principalmente dos jovens, entre os quais muitos judeus, tanto na Europa quanto nos Estados Unidos. O que está em jogo hoje não é a existência de Israel, mas a sobrevivência do povo palestino. Se a guerra de Gaza tivesse que terminar em uma segunda Nakba, a legitimidade de Israel ficaria definitivamente comprometida. Nesse caso, nem as armas americanas, nem a mídia ocidental, nem a razão de Estado alemã, nem a memória desvirtuada e ultrajada da Shoah seriam capazes de redimi-lo.

---

106 «Nous, Françaises juives et Français juifs, appelons à un cessez-le-feu immédiat et durable à Gaza», *Le Monde*, 30 jan. 2024.

O outro

1. Enzo Traverso
   Gaza diante da história

Belo Horizonte, Veneza, São Paulo, Balerna
Outubro de 2024